이해받고 싶은 아주 작은 욕심

이해받고 싶은 아주 작은 욕심

초판 1쇄 인쇄 2018년 9월 15일
초판 1쇄 발행 2018년 10월 1일
–
글·그림 박지선
펴낸이 이방원
기 획 이윤석
편 집 김명희·안효희·강윤경·홍순용·윤원진
디자인 손경화·박혜옥
영 업 최성수
마케팅 이미선
–
펴낸곳 세창미디어
　　　　출판신고 2013년 1월 4일 제312-2013-000002호
　　　　주소 03735 서울특별시 서대문구 경기대로 88 냉천빌딩 4층
　　　　전화 02-723-8660 | 팩스 02-720-4579
　　　　이메일 edit@sechangpub.co.kr | 홈페이지 http://www.sechangpub.co.kr
–
ISBN 978 - 89 - 5586 - 542 - 4 03180

이 도서의 국립중앙도서관 출판시도서목록(CIP)은 서지정보유통지원시스템 홈페이지(http://seoji.nl.go.kr)와
국가자료공동목록시스템(http://www.nl.go.kr/kolisnet)에서 이용하실 수 있습니다. (CIP제어번호: CIP2018030291)

이해받고 싶은
아주 작은 욕심

내 마음을 알아주길 바라는 아주 작은 소망을 이루는 법

글·그림 박지선

　나도 모르는 내 마음이 있다. 내 마음을 이상하게 표현하는 줄도 모르고 왜 이렇게 소통이 안 될까 고민에 빠지기만 한다. 그렇게 우리는 서로 이해할 수 없는 사람들이라고 여기고 등을 돌리게 된다. 그런데

아, 그런 마음이었구나.

　이 책을 쓰고 싶었던 가장 큰 이유가 바로 그러한 깨달음에서 시작됐다. 내가 만나왔던 사람들의 속마음은 그저 사랑받고 싶었던 것뿐인데, 단지 표현이 울퉁불퉁해서 삐딱하게 표현되니 아무도 몰랐던 것이다. 그들도 자신의 속마음을 제대로 몰랐기에 온전히 표현하지 못했다. 사랑에 연연하지 않은 척했지만, 사실은 관심받고 사랑받고 싶은 마음이 큰 사람이었다. 겸손한 태도로 항상 자신을 낮추고 상

대를 치켜세워 주는 척했지만, 사실은 내가 더 인정받고 싶어 하는 사람이었다. 외적인 조건들로 화려하게 나를 꾸몄지만, 사실은 자존감이 낮아서 사람들 앞에 나서는 게 겁이 나는 사람이었다. 하지만 이러한 모습이 나의 진짜 모습이라는 것을 알게 되거나 인정하는 게 그리도 싫고 두려웠기에 꽁꽁 숨기고 부정했다.

속마음은 얇디얇은 여린 살로 덮여져 있다. 조금이라도 바깥으로 꺼내 놓을라치면 쉽사리 상처받을 수 있기에 겹겹이 쌓아 두고 감추어 둔다. 억겁의 시간 동안 켜켜이 숨겨 놓았기 때문에 내 마음 나도 잘 모르고 있는 경우가 많다. 그래서 의도치 않게, 내 속마음과는 다른 말을 하게 되고 행동을 하게 된다. 때문에 오해가 쌓이고 갈등은 더 깊어져서 관계가 틀어지는 경우가 많다. 그 과정을 지켜보고 있자니 나로서는 속상했다. 나만 알고 있는 사람들의 속마음을 다른 사람들도 알고 이해해 줬으면 좋겠다는 생각이 들었다. 마음과 마음을 연결해 주는 징검다리 역할을 하고 싶다는 생각이었다.

'당신의 마음을 내가 알려 줄게. 당신이 어떤 마음인지 알려 주면 그가 당신을 조금 더 이해해 주지 않을까? 당신이 솔직한 마음을 표현하지 못하고 뾰로통하게 표현할 때 그가 당신의 마음을 알아차릴 수 있도록 말이야. 개떡같이 이야기해도 찰떡같이 알아들을 수 있도록 미리 알려 줄게. 그렇게 되면 서로를 아프게 하는 갈등을 조금은 덜하게 되지 않을까?'

어쩌면 나를 위한 일일 수도 있다. 내 마음 좀 알아줬으면 하는 바람에 이 책을 쓰고 싶었는지도 모르겠다. 나 또한 내담자로서 오래도록 상담을 받았고 책을 보며 내 마음을 들여다보는 작업을 끊임없이 하고 있지만, 내 속마음을 알아차리는 게 여간 어려운 일이 아니다. 오히려 내가 모르는 내 마음을 상대가 더 귀신같이 알아차릴 때가 있다. 그러니 도움을 요청하는 것이다. 행여 내가 이전의 습관이 나와서 개떡같이 말하고 있다면, 당신이 찰떡같이 내 마음을 알아 달라는 도움 요청이다.

솔직한 마음과 마음이 소통하기를 바란다. 그 바람이 책에 고스란히 녹아나기를 희망하며 인물마다 그들의 마음이 조금 더 자세히 전달될 수 있도록 상세히 표현하려고 나름 노력했다. 책에 나오는 여섯 명의 인물은 가상이다. 만들어졌고 꾸며졌다. 어디에서나 있을 법한 사람들로 겉으로 드러난 그들의 모습과는 달리 그들의 진짜 속마음은 무엇인지 알리고자 했다. 어떤 전문적인 기준이나 정신질환 진단별로 각 인물을 분류해 놓은 것이 아니다. 각 인물의 특성은 명확히 구분 짓기 어려울 정도로 서로 겹쳐 있는 부분도 있다. 그만큼 우리의 속마음은 비슷한 부분, 공유할 수 있고 공감할 수 있는 교집합이 있다는 것을 뜻하기도 하다. 사랑받고 싶은 마음, 관심받고 싶어 하는 마음은 모두 동일한데 다만, 겉으로 표현된 것이 다를 뿐이다. 여섯 인물 모두 내 안에 존재하기도 한다.

속마음을 아는 것으로 모든 게 해결되는 것이 아니다. 내 속마음을 보는 게 내 마음인데도 그렇게 아프고 힘들다. 알고 있어도 입 밖으로 꺼내는 게 그렇게 어려울 수 없다. 하지만 내 마음을 표현하기도 전에 상대가 알아준다면, 조금 더 용기 내어 나의 진짜 '찌질한' 마음을 표현할 수 있게 된다. 이 책을 읽고 있는 당신이 그런 '상대'가 되어주길 바란다. 우리는 서로에게 상담자가 될 수도, 치유자가 될 수도 있다. 상대의 마음을 조금 더 투명하게 바라볼 수 있는 눈이 있다면. 그리고 나를 기분 나쁘게 만드는 상대의 말과 행동만 보고 반응하는 게 아니라, 상대의 마음을 조금 더 들어 보려고, 이해해 보려고 하는 마음만 있다면 말이다.

　상대의 마음을 알아주는 것도 중요하지만, 당신 스스로도 이 책을 읽으면서 솔직한 마음을 드러내도 괜찮다는 위안을 받았으면 좋겠다. 내 어두운 모습과 감추고 싶었던 모습, 그리고 초라하고 유치하기 짝이 없다고 생각했던 내 모습이 결국엔 우리 모두의 모습이라는 것도 알게 되기를 바란다. 모두가 똑같이 부족한 사람이라는 보편적인 사실을 통해 위로받고 스스로에게 괜찮다고 말해 주며 자신의 욕구와 모습을 그대로 드러내기를 바란다. 이러한 드러내기를 통해 겉으로 보이는 말과 행동이 아닌, 그 이면에 숨은 목소리를 표현하게 된다면 나와 너를 이해하고 더 나아가 서로를 좀 더 수용하게 될 것이라고 기대하기 때문이다.

　책 쓰는 과정은 새로운 경험이었다. 하고 싶은 말이 있을 때 블로그에 개인적으로 글을 쓸 때와는 또 달랐다. 글 쓰는 재주도, 깊이 통찰하는 재주나 혜안도 없으면서, 잘하고 싶은 욕심이 스멀스멀 올라와서 다음 장을 넘길 수가 없었다. 그럼 그럴 때는 마음고생이 심해서 우울의 극단을 달렸다. 긴 시간 동안 잦은 시련이 있었지만, 참으로 다행스럽게도 그때마다 고비를 이겨 낼 수 있게끔 도와준 사람들이 있다. 능력이 없는 나는 이쯤에서 포기하겠다고 징징거리던 나를 붙잡아 주던 누다심 선생님, 각 인물의 심리적 특성을 풀어 가기에 자신이 없을 때 기꺼이 감수를 해 주던 박수영 선생님, 에피소드가 떠오르지 않아서 창작의 고통을 느낄 때 같이 고민 해줬던 이화수 님과 탈고의 기쁨을 함께 공유하고 싶다. 그리고 마감일이 다가올 때마다 우울하고 예민해지는 나를 달래 주고 진정시켜 주었던 나의 부모님 박윤춘·이향순, 나의 오빠 박진철에게 진심으로 감사드린다. 마지막으로 마음으로 소통하기 위해 상담실 안팎에서 나와 함께 노력하고 있는 분들께 깊이 감사의 마음을 전한다.

2018년 8월
박지선

3장 성현의 이야기

4장 수정의 이야기

5장 은희의 이야기

6장 서준의 이야기

이유는 없어
그냥 서운한 거야
말하기 전에 알아줘
내 마음

1장
소희의 이야기

주인공 '소희'는 28세의 여성으로 4년제 대학교 경영학과를 졸업하고 현재 기업 전략기획팀에 근무하고 있다. 아버지는 건설업에 종사하시고 어머니는 전업주부로 사회 경험이 없다. 형제로는 5살 터울의 언니가 공무원으로 근무하고 있다.

거절에
민감한
소희

　창 밖을 내다보니 여전히 비가 한창이다. 장마철이라 그런지 하늘
도 흐리고 온몸이 으스스하니 서늘한 느낌이다. 오랜만에 외출이라
기대가 컸는데 비까지 오니 기분이 썩 좋지 않다. 직장 생활이 퍽 고
되고 힘들어도 남자친구를 만나는 그 하루를 위해 일주일을 버티는
데, 왜 이렇게 되는 일이 없는지 하늘이 원망스러운 날이다. 오늘 입
으려고 미리 사놓았던 옷을 입어 보고는 다시 한 번 설레는 마음을 가
지려 하지만, 마음이 선뜻 풀리지 않고 자꾸만 삐걱거린다.

　'아… 진짜!! 뭐가 이렇게 되는 일이 하나도 없는 거야!!!'

너무 짜증 나서 눈물이 날 지경이다. 요즘 회사에서 실적문제로 상사로부터 지적을 받고 있어서 신경이 더 날카로워졌다. 퇴근 후에는 긴장을 풀지 못해서 잠을 설치는 날이 허다했고 아침마다 눈 뜨는 게 지옥이었다.

그래도 이 와중에 버틸 만했던 것은 남자친구 덕분이다. 함께 시간을 보내는 동안에는 잠시 현실을 잊을 수 있기에 그러했다. 그런데 오늘은 조금 달랐다. 예쁘게 꾸미고 기분 전환하고 싶은 마음과는 다르게 여러 가지 조건들이 받쳐 주지 못했다. 그래서 점점 더 서러워졌던 날이다.

"아, 뭐야, 왜에!!!"

남자친구와 통화에 짜증 섞인 목소리로 말했다. 차를 가지고 우리 집 앞으로 오는 중이었는데 비가 오니 예정시간보다 늦을 것 같다는 남자친구의 전화였다.

"지금 뭐하는 거야! 왜 늦는데! 빨리 나왔으면 되잖아! 아침부터 비 왔는데 차 막힐 거라는 생각도 못 했어? 그런 것도 미리 생각하지 못하는 거야? 아! 그냥 빨리 와!"

오늘따라 더 기다릴 수가 없었다. 옷 때문에 짜증이 났던 마음마저 더해져 짜증이 한층 더 상승한 것이었다. 전화를 끊고 결국 울음을 터뜨렸다. 그냥 서러웠다. 이유는 없었다. 그저 내 마음대로 되는 일이 하나도 없어서 서러웠다. 회사 일도 그렇고, 옷도 그렇고, 남자친구까지도 어쩜 이렇게 자신의 기분을 맞춰 주지 못하는지 답답했다.

소희는 지방에 있는 남자친구와 장거리 연애 중이다. 마침 비가 오자 남자친구는 소희네 집 앞까지 데리러 가기로 한 것인데, 남자친구의 그런 배려가 소희에게는 관심 밖이다. 지금 소희는 다른 무엇보다 자신의 감정이 중요했다. 비와 옷, 늦은 약속들이 모여 자기 뜻대로 되지 않는다는 생각만 들 뿐이었다.

늦어진다는 남자친구를 기다리며 외출복을 입고, 화장도 곱게 한 채 거실에 앉았다. 하지만 시간은 더디게 흘러가고, 비는 멈출 생각을 하지 않고, 시간 떼울 요량으로 뭣 좀 해 보려고 하는데 어느 것 하나 손에 잡히지 않자, 점점 분노가 차올랐다.

어떻게 해서든 밖에 나가서 기분을 풀어야 했기에 혼자 우산을 쓰고 빗속을 걷기 시작했다. 나와서 마냥 걷는 데도 그냥 다 불쾌했다. 비가 오는 것도 불쾌하고, 기분 전환을 위해 샀던 옷도 뭔가 예뻐 보이지도 않아서 불쾌하고, 어느것도 마음에 드는 것이 없었다.

결국, 화 나는 일을 하나 더 보태 준 남자친구에게 다시 전화를 걸어 짜증을 내기 시작했다. 예전 같았으면 다 받아 주며 미안해했던 남자친구도 이번에는 강경한 태도를 보이며 짜증을 받아 주지 않는다.

"지금 뭐하는 거야! 왜 늦는데! 빨리 나왔으면 되잖아! 비 오는데 차 막힐 거라는 생각 못 했어? 그런 것도 미리 생각하지 못하는 거야? 아! 빨리 와!"
"김소희! 너는 어떻게 너만 생각하냐!"
"참네, 너 어떻게 그렇게 말을 하냐!"
"나도 상황이 있었다고!"
"그게 뭔데?"
"교수님이 갑자기 전화를 해서 뭣 좀 하느라고 늦었다 왜!"
"그래, 너는 교수님이 더 중요하지?
"야, 너는 비교할 걸 비교해라. 그게 말이 된다고 생각해?"
"됐어, 끊어."
"뭐? 전화 끊으라고? 오늘 안 만날 거야?"
"그냥 오지 마! 만날 기분 아니야!"
"알았어!"

남자친구에게 오지 말라고 했지만 속으로는 내심 기대하고 있었다. 남자친구가 오기만을…, 집 앞에 와서 아까 화낸 건 미안하니까 제발

내려와 달라고 빌어 주길 바랐다. 나를 사랑한다면 당연히 와야 한다고 스스로는 그렇게 생각하고 있었다. 비 오는 거리를 계속 걷다 보니 추워져서 편의점으로 들어갔다. 그러고는 다시 전화를 걸었다.

"어디야?"
"집에 돌아가는 중."
"뭐? 집에 가고 있다고? 안 만날 거야?"
"오지 말라며."
"어떻게. 너는… 그냥 그렇게… 그래, 알았어. 그냥 가라 가!"

전화를 끊자 서럽기도 하지만 춥고 배고프기도 했다. 휴대전화 시계를 봤더니 시간이 벌써 5시 45분을 지나가고 있었다. 비가 와서 그런지 예전보다 빨리 어두워지기 시작했다.

'이런 상황에서도 배가 고프냐.'

한껏 꾸민 차림으로 편의점에서 컵라면에 뜨거운 물을 받아 자리에 털썩 앉았다. 참으로 처량하게 느껴지는 날이었다.

'어쩌다가 이렇게까지 된 거지?'

한참을 멍하니 앉아서 생각을 했다. 아무리 생각해도 남자친구에게 서운한 마음이 가시질 않았다. 연락을 기다렸지만, 전화나 문자도 없는 남자친구에게 점점 더 화가 많이 나기 시작하더니 이내 우울해지기 시작했다. 남자친구가 자신을 사랑하지 않는 것 같고 혼자 남겨진 듯한 느낌에 울적한 기분이 사라지지 않았다.

비는 계속 오고 컵라면도 다 먹었으니 그냥 집으로 가는 수밖에 없었다. 지금 당장 전화해서 부를 수 있는 친구도 없었다. 그래서 컵라면 하나로 배를 채운 뒤 집을 향해 다시 걸어갔다. 힘없이 걸어 가며 부정적인 생각만 되풀이 했다. '이제 남자친구가 나한테 싫증이 났구나….'

거봐, 내 생각이
맞았던 거잖아

상담실에 처음 방문했을 때 소희의 모습은 젖은 스펀지 같았다. 의자에 앉아 첫인사를 나눈 후, 어떻게 해서 오게 됐는지 묻자 울먹이며 이야기를 시작했다. 오랫동안 사귄 남자친구와 헤어지게 됐고 그 후로 밤마다 잠도 제대로 못 자고 강박적으로 남자친구 생각을 더 자주, 더 많이 한다고 했다. 일하다가도 잠시 쉼이 생기면 눈물이 나서 어떻게 해야 할지 모르겠다고 했다.

"어쩌다 헤어지게 된 거예요?"
"남자친구가 변한 게 화가 났어요. 제가 별로 중요하지 않은 것 같아서… 그래서 홧김에 헤어지자고 했는데…."

그날이 마지막이 될 줄은 소희 자신도 몰랐다고 한다. 관계에 대한 감각이 살아 있었다면 자신의 행동으로 인해 상대방이 어떤 기분을 느낄지, 그리고 그 관계가 어떻게 될지 적어도 예상은 할 수 있었을 텐데 소희는 그런 면에서 나이보다 더 어리게 느껴졌다.

"별로 중요하지 않게 생각하는 것 같다니, 그게 무슨 말이죠?"

추상적으로 이야기 하는게 조금은 답답했지만, 차분히 다시 물어봤다. 자신의 생각으로는 남자친구가 이미 마음이 변했다고 여겼고, 그렇게 억지로 사귈 바에 헤어지자고 큰소리쳤다고 한다. 몇 시간 지나고 나서 다소 충동적으로 얘기한 것이 후회가 됐지만, 진짜로 헤어지게 될 줄은 꿈에도 몰랐다고. 그러고 보면 정말 좋아하지 않았던 게 틀림없다고, 그런 자기 생각이 맞았다고 한다. 자분자분한 목소리로 이야기하지만 조용하고 쉼 없이 눈물을 흘렸다. 헤어지자고 말하고 난 후 남자친구한테 다시 연락해서 만나 보려 했지만, 남자친구의 마음은 이미 정리가 됐는지 전화도 받지 않았다고 한다.

"남자친구가 화가 나서 그냥 집으로 돌아간 게, 어떻게 소희 씨에 대한 마음이 변했다는 거하고 연결돼요?"

"저한테 지쳐서 그냥 돌아간 거겠죠."

"다른 가능성은 생각해 봤어요?"

"무슨 가능성이요?"

"그때 둘이 갈등이 있었으니까 남자친구도 화나 나서 소희 씨를 만나러 오지 않았던 걸 텐데, 그걸 바로 남자친구가 마음이 식어서 그렇다고 단정 지으니까요. '나한테 마음이 변했다, 내가 싫어졌다' 그 이유 말고 다른 생각은 하지 않는 것 같아서요."

"무슨 말인지는 알겠어요. 남자친구도 화가 나서 저를 만나러 오지 않았다는 것도 알겠는데, 그게 저는 내가 싫으니까 나랑 헤어질 생각으로 그렇게 행동했다고 그 생각밖에 안 들었어요. 그 당시에는 더 그랬죠."

대화 속에서 드러나는 소희의 특성은 상대방이 조금이라도 거부적인 태도를 보이는 경우 감정적으로 반응한다는 것이다. 소희처럼 약간의 거절 표시에도 민감하게 반응하는 사람은 자기중심적으로 사건을 해석해서 대부분의 상황을 의도된 거절로 파악하는 일이 자주 발생한다. 그로 인해 누구나 받을 만한 거절에도 감정적으로 상당히 예민해지는 경향을 보인다. 그래서 거절이 언제 어떻게 일어날지 분명하지 않기 때문에 나 스스로 '위험 경고 사인sign'에 민감해질 수밖에 없다. 그 상황을 피하기 위해 선택적으로 거절 신호나 거절 단서에 더 주의를 기울이고 경계하는 것이다. 소희 또한 상대방의 거절에 상처를 덜 받기 위해서 거절 신호에 항상 민감하게 초점을 두고, 경계하는 방식으로 관계를 맺어 오지 않았나 싶다.

더군다나 감정에 치우치게 되면 합리적인 사고가 어려워지고 인지적 편향cognitive bias에 빠지게 될 가능성이 크다. 자신의 생각에 충족되는 증거들만 모으면서 '내 생각이 맞잖아!'라고 주장하고, 자기 생각을 더욱 확고하게 유지하기도 한다. 우리는 어떻게 해서든 우리의 삶을, 우리의 관계를 통제하고 싶은 마음이 있기에 그렇게 행동한다. 따라서 소희도 남자친구와의 관계에서 발생하는 모든 일들을 객관적으로 바라보지 못하고 자기 생각과 틀에 맞춰 바라보며 오해를 키워 나갔을 수도 있다.

거절 받기
두려워하는 당신

우리 모두 똑같은 사람입니다.

누구나 수용 받지 못하면 슬프고 아파요.

거절 받는 경험이 너무 두려워

나의 두려움만 생각했지

상대의 마음은 생각 못 했겠지요.

그래서 당신이 조금만 더 용기내면 좋겠어요.

거절 받는 느낌이 들었을 때

상대에게 다가가 물어보고 확인해 보는 용기요.

나를 거부하는 것인지

아니면 상대도 두려워서 조심스러운지 말예요.

이것만은 꼭 기억해 주세요.

상대도 거절당할까 봐 두려워하고 있다는 것을요.

내 자존심을 지키는 게
더 우선이었어

"남자친구가 돌아가고 난 후에 어떻게 되었나요?"

"그날 밤 제가 또 참지 못하고 문자를 보냈어요. 내가 잘못한 게 뭐가 있냐고, 너는 나한테 왜 화를 내냐고, 그러고도 잠이 오냐고 문자를 보냈죠."

"어떤 마음에서 그런 문자를 보낸 거예요?"

"싸우고 나서 아무 연락이 없어서 화가 났어요. 정말 얘는 아무렇지도 않은가 보다. 내가 화가 나도 아무 상관이 없는 것 같아서 그래서 화가 났던 거죠. 변한 거 같으니까. 어떻게 그렇게 쉽게 변할 수 있는지…."

"그럼 소희 씨가 남자친구의 변한 마음을 되돌리기 위해 먼저 손 내밀 수도 있는데, 왜 그렇게 몰아세우듯 문자를 보낸 거예요?"

"자존심 상하잖아요."

"어떤 자존심이죠?"

"그냥 내가 더 좋아하는 것 같은, 그런 거요. 그런 건 싫었어요."

"남자친구를 좋아한다면서요. 헤어져서 그렇게 꺼이꺼이 울던 사람이…."

"좋아하는 건 맞지만 제 자존심이 더 중요했어요."

"'그 자존심' 때문에 뒷일은 전혀 생각하지도 않고 행동한 것처럼 보이네요."

"…."

"그렇게 문자 보내고 나면 남자친구 기분은 어떨지, 아니면 둘의 관계가 어떻게 될지 생각은 안 해 보셨어요?"

"… 사실 화가 나면 그런 생각은 잘 못해요."

"참, 바보 같네요. 그렇게 저지르고 나서 후회하는 모습이요."

"저도 이런 제가 싫어요."

소희는 자신의 화를 조절하는 것이 서투르고 미성숙해서 상대방을 극단으로 몰아쳤다. 몰아칠 만큼 화가 난 것은 자존심이 상해서, 남자친구보다 자신이 더 집착하고 연연해한다고 느껴지니 경쟁에서 지는 기분이 들어서 그랬다. 그게 끔찍이도 싫었던 모양이다. 자신이 좋아하는 남자친구와 관계를 유지하는 것보다 자신의 자존심을 지키는 것이 더 중요했다.

지금은 자존심 세우는 것이 더 중요하겠지만 시간이 지나 상대방의 소중함을 알게 되는 그때가 온다면, 아마도 소희의 우선순위도 달라질 것이다. 그때는 지금과 같이 자존심을 지키려고 하기보다 상대방의 마음을 존중해 주려고 더 노력하지 않을까 싶다.

다만, 지금의 소희는 '너 따위에 연연하지 않는다'는 도도한 태도를 유지하는 게 가장 중요했고, 그게 바로 자신을 초라하지 않고 멋있게 보이도록 만들어 주는 마지막 카드라고 생각했다. 바로 후회할 것을 그렇게 고집했다.

사실은 스스로 확신이 없었던 것이다. 남자친구가 소희를 왜 좋아하는지, 자신에게 어떤 매력이 있고, 어떤 장점이 있는지 전혀 모르고 있었고, 다른 사람에 비해 특별하거나 뛰어난 부분이 없다고 생각했다. 오히려 부족한 점이 더 많고, 단점이 더 많다고 생각했기에 자신감을 형성할 자리가 없었다. 속으로는 스스로를 부족한 사람이라고 여기지만 최대한 들키지 않도록 더 당당한 척, 자신감 있는 척했다. 부족한 사람이라는 것은 문제 있는 사람, 누구에게도 사랑받을 수 없는 사람이라는 낙인처럼 느껴졌기 때문이다. '척'하며 만들어진 모래성 같은 자존심은 외부 자극에도 쉽게 무너져 내린다. 그래서 자신을 지키기 위해 약간의 생채기라도 낼 만한 상황은 마주하지 않으려고 그토록 노력했다. 남자친구와의 관계에서도 '내가 차였어'보다는 '내가 찼어' 쪽이 더 안전하게 느껴졌을 것이다.

"사실은 듣기 무서웠던 거 아녀요?"
"어떤 것을요?"
"남자친구가 마음이 변했다는 이야기요."
"알고 있었는데요. 뭐."
"불안한 마음에 추측한 거지, 직접 듣지는 않았던 거잖아요."
"그렇긴 하죠."
"남자친구한테 먼저 듣기 전에 내가 먼저 헤어지자고 얘기하는 게

'그 자존심'을 지키는 방법의 하나지 않았을까 싶네요."

"선생님 말씀처럼 그게 저를 지키는 방법이었을 수 있어요. 솔직히 제가 생각해도, 저를 좋아할 만한 이유가 없거든요…. 그래서 항상 자신이 없었고, 상대방이 나를 싫어한다고 느꼈을 때 본능적으로 제가 먼저 관계를 끊어 냈어요."

소희는 결국 자존심을 지키기 위해 남자친구를 떠나게 만들어 버린, 그때의 충동적인 행동에 대해서 자책했다. 하지만 이미 벌어진 일에 대해 후회해 봤자 남자친구가 돌아올 것도 아니니, 자책과 후회는 아무 소용이 없었다.

자존심
세우고 싶은 당신

상처 받지 않겠다고 상대에게 쏟아 내는 말들.

상처 받았다고 그만큼 복수하며 쏟아 내는 말들.

그 말들은 당신이 바라는 대로

상대를 충분히 아프게 했을 것입니다.

그런데 이것 한 가지도 기억해 주세요.

상대를 아프게 한만큼

그 아픔이 다시 부메랑처럼 나에게 되돌아온다는 것을요.

어떻게요?

그 사람과의 '관계 단절'이라는 결과를 통해서요.

정말 끝내지 않을 거라면 조금 더 신중히 생각해서

나의 말이 상대에게 어떻게 들릴지 생각해 주세요.

어린왕자의 장미꽃 같은
존재이고 싶었어

그래도 소희는 실낱같은 희망을 계속 부여잡으며 현실을 부정했다. 아무리 남자친구가 마음이 변했다고 해도, 그리고 아무리 자신이 매몰차게 이야기를 했다고 해도, 이렇게 쉽게 헤어지게 될 거라고 생각은 못 했다고 한다. 그런 면에서 사람은 참 간사하다. 자신의 편의대로 생각하니 말이다.

"그래도 이렇게 쉽게 끝나 버릴 줄은 몰랐어요. 진짜 몰랐어요. 지금도 아직. 남자친구가 저를 좋아하는 마음이 변하지 않았을 것 같은데…, 저 이상해 보이죠?"

"이상해 보이진 않고, 힘들어 보이기는 해요. 감당도 못 할 거 뭐 그리 충동적으로 행동했나 안타까운 마음도 들고요."

"맞아요, 너무 힘들고, 감당이 안 돼요. 후회도 많이 되고…, 그런데 걔는 제가 진짜 싫을까요?"

"그것은 알 수 없죠. 그런데 헤어지자고 말할 때는 마음이 변했다고 찰떡같이 믿더니, 왜 또 이제 와서 마음이 변하지 않았다고 생각하는 거예요? 참 자기 멋대로 생각해요, 그렇죠?"

소희는 스스로도 웃긴지 울다가 피식 웃는다.

"그런데 남자친구가 이번 일 때문에 헤어지기로 한 것 같아요?"

"그러진 않았겠죠. 점차 마음이 식어 갔겠죠. 저한테 지치기도 하고요…."

"뭘 그렇게 지치게 했어요?"

"그냥 제가 기분 내키는 대로 했죠. 짜증 나는 거, 싫은 거 그때마다 있는 대로 다 드러내고. 어떨 때는 남자친구도 그냥 받아 주는데, 남자친구도 피곤할 때는 같이 화를 내요. 그러면 저는 항상 후회하죠."

"그런 다음 어떻게 해요?"

"남자친구가 먼저 다가와서 이야기를 하죠."

"남자친구가 어지간히도 맞춰 줬네요."

"지금 생각해 보면 그것도 자존심을 지키려는 방법이었던 것 같아요. 제가 변덕스럽기는 해도, 나를 좋아한다면 당연히 먼저 손 내밀어야 한다고 생각했죠."

"어쩜 그렇게 자기 멋대로 해요? 자기는 대우 받는 게 당연하면서 남자친구를 전혀 존중해 주지 않고 말예요."

"저도 참…, 모순적이네요."

"자기 편의대로 생각하고 판단하기 때문에 이기적이고 모순적인 거예요. 그래서 '나는 이렇게 해도 괜찮지만 너는 그렇게 하면 안돼!' 하고 생각하잖아요."

"그러게요…."

"이별통보를 먼저 듣는 게 두려워서 자기 편의대로 남자친구의 마음을 지레짐작했고, 그다음에 신중하게 생각하지 않고 충동적으로 헤어지자고 했다는 거 이제 꼭 좀 기억해둬요. 연애할 때도 항상 상대방의 기분을 고려해야 해요. 남자친구는 소희 씨 마음대로 할 수 있는 소유물이 아니라고요."

"예."

"그런데 아직도 소희 씨의 변덕을 끝까지 참고 견디며 옆에 있어 줄 사람이 있다고 생각해요?"

"착각이겠죠?"

"망상에 가깝다고 할 수 있죠. 그런 사람은 어디에도 없을 거예요. 소희 씨도 말로는 끝까지 내 옆에 있을 거로 생각해서 편하게 대했다고 말하지만, 사실은 상대방이 먼저 마음 변할까 봐 항상 두려워하고 있잖아요."

"…."

"무슨 생각해요?"

"정말 나를 사랑한다면 내가 계속 가라고 떠밀어도 자석처럼 다시 붙어 매달릴 줄 알았거든요."

"그렇게 해 주길 바랐던 거겠죠."

"네, 그러길 바랐는데, 현실은 항상 그게 아니었어요. 그런데도 왜 이 버릇을 못 고치죠?"

"유아기적 소망을 아직도 갖고 있어서 그래요."

"그게 무슨 말이에요?"

"자신은 노력하지도 않고 받기만 하려는 이기적인 마음이 있다는 거예요. 관계는 한쪽에서만 노력한다고 해서 유지되지 않아요. 나도 상대방을 존중해 주는 노력을 해야 하죠. 그것이 사람의 기본 자세 에요."

상대방 마음을 확인하기 위해
끊임없이 시험해 보는 당신

어느 누구도 자신의 마음을 의심하는 사람과

가까이하고 싶지 않을 거예요.

상대의 마음을 아무리 반복해서 들어도

내가 그 마음을 믿지 않고 계속해서 의심한다면

상대는 무기력해지고 힘이 빠져요.

최선을 다해 공부하지만

성과가 없으면 좌절하는 것과 같다고 할 수 있죠.

상대는 자신의 노력을 무가치한 것으로 여기고 무력해지는 거죠.

그러니 당신도 노력하면 좋을 것 같아요.

상대의 말을 믿어 보는 노력이요.

계속 어린아이로 남고 싶은데, 불가능하겠지?

꼭 올거지?
기다릴게

돌아오지 않을거야

'아까 했던 말 취소!! 취소!! 땅땅땅!! 없던 거로 해~!'

이처럼 충동적으로 내뱉은 말을 다시 주워 담으려는 장난스러운 소희의 행동. 소희는 다시 웃으며 대하면 남자친구가 돌아올 줄 알았다. 그것이 혼자만의 착각이었든 사실이었든, 그냥 그렇게 믿고 싶었다. 관계를 위해 노력하기 귀찮아하고 자기 뜻대로 하고 싶어 하는 사람들은 더 자주 자의적으로 생각하고 산다.

소희가 어떻게 표현을 하든, 그게 짜증이나 분노, 혹은 토라짐이든, 겉으로 보이는 게 어떤 모습이었든 남자친구가 그저 "네 마음 어떤지 내가 잘 알아"라고 말해 주며 다가와서 위로해 주기를 바랐다고 한다. 그저 알아주기를 바랐나 보다. 그게 그렇게도 큰 욕심이었던 건지, 그냥 내 마음 좀 먼저 알아줬다면 이렇게까지 일이 커지지 않았을 거라고 소희는 이야기한다. 남자친구가 소희의 마음을 먼저 공감해 줬다면, 소희도 그냥 가만히 있지는 않았을 거라고, 자신도 남자친구가 어떤 사정이 있었는지 궁금해 하고, 그 마음에 대해 공감하고 싶었다고 한다.

이제 갓 태어난 아기가 우는 소리를 낼 때 엄마가 달려가서 "아이고, 우리 아기, 어디 보자. 배고파?" 하면서 우유를 먹이려고 하거나 아니면 "아이고, 우리 아기, 배고픈 거 아니면 똥 쌌나 보자"라며 궁둥이 냄새를 맡던 그 시절 그때처럼 말이다.

소희는 유아기 때를 여전히 그리워하며 그 시간 속에 갇혀 있는 것처럼 보인다. 그래서 남자친구에게 엄마 같은 모습을 기대했는지도 모르겠다. 그리고 말이든, 몸짓이든 어떠한 표현을 하더라도 자신의 마음을 알기 위해 노력하고 관심 가져 주기를 바랐다. 이런 유아기적 소망이 소희에게는 아직도 남아 있어 성인처럼 대등한 관계를 맺을 수도, 유지할 수도 없었던 것이다.

관계 유지를 위해
노력하지 않는 당신

요행을 바라며 노력하지 않는다면
만족스러운 결과를 얻을 수 없을 거예요.
특히나 쉽게 변해 버리는 사람의 마음을 얻는 일은
어떤 일보다 더 어렵지요.

상대의 마음을 얻고 싶다면
어린왕자가 장미꽃에게 들였던 노력만큼
나 또한 공들이고 시간을 들여 노력해야 할 거예요.
상대의 마음을 얻기 위해 들이는 노력은
비굴하고 치사한 일이 아니에요.
그저 사랑하고 사랑받기 위한 작은 시도일 뿐인 거죠.

나는 마땅히
사랑받지 못해

두렵고 불안해 하는 너
내가 지켜줄게

부모나 중요한 타인으로부터 반복적으로 거부당한 경험이 있으면 이후의 관계에서도 똑같은 시나리오를 예상하게 된다. 소희 또한 거절에 상당히 민감하게 반응을 하는데, 그렇다면 어렸을 때의 어떤 경험이 이토록 거절 신호에 집착하도록 만들었는지를 살펴보아야 한다. 그때의 경험을 같이 나누면서 어린 소희가 느꼈을 감정도 함께 어루만져 줄 것이다. 이런 과정을 통해서 거절 받는 두려움을 스스로 이겨 내고, 반복되는 관계 패턴을 끊어 낼 수 있다.

소희는 어렸을 때 부모님과 많은 시간을 보내지 못했다. 두 분 모두 바쁘셨고 자녀와 시간을 보내야 한다는 사명감도 없었던 듯하다. 어린이집 가기 전에는 친척 어른들이 돌아가며 소희네 집에서 소희를 돌봐 줬는데 자주 바뀌는 사람들 탓에 쉽게 적응하지 못하고 많이 울었다고 한다. 아마 어린 소희의 입장에서는 누군가 의지할 대상을 찾았던 것 같다. 그때는 울음만이 유일한 수단이라 목청껏 울었지만, 아무도 소희를 알아주지 않았다. 누구도 의지 대상이 되어 주지 못했다. 그러면서 점점 세상과 사람들에 대한 불신이 깊어져 갔다.

"어렸을 때는 잘 기억이 안 나는데, 엄마는 몸이 안 좋으셨어요. 일 때문에 많이 힘들어 하셨는데… 그래서 주말에 집에 계셔도 특별히 같이 놀았던 기억은 별로 없어요. 계속 누워 계셨거든요."

"그때가 몇 살 때예요?"

"제가 기억나는 것은 거의 초등학교 내내 그랬던 것 같아요."

"그럼 그때 뭐했어요?"

"엄마가 힘드니까 귀찮게 하면 안 된다고 생각을 했죠. 언니도 나이 차이가 커서 거의 집에 없었고, 그냥 혼자 노는 시간이 많았던 것 같아요. 고학년 때는 학원 다니느라 바빴고요."

"그럼 그 시간 동안 엄마한테 놀아 달라고 요구하거나, 소희 씨가 바라는 것을 요구해 본 적은 없었어요?"

"요구는 많이 했죠. 잘 들어 주지는 않았지만요."

"아버지는요?"

"아빠도 많이 바쁘셨어요. 건설업 쪽에 일을 하셔서 지방으로 많이 돌아다니셨고 주말에 가끔 집에 오셨어요."

방임이나 학대와 같은 극단적인 경험이 아니더라도 자신의 요구가 받아들여지지 않았던 경험이 있다면, 이는 우리의 기억 속에 크게 자리 잡게 된다. 더욱이 그런 경험은 '나는 다른 사람들에게 환영받지 못할 거야'라는 신념을 견고하게 만든다.

물론 어린아이의 기억은 언제나 왜곡이 있기 마련이다. 하지만 이미 자리 잡힌 강한 신념은 머릿속에 박혀 떠나지 않는다. 그래서 사람을 만나는 매 순간 긴장하고, 잘 보이려고 노력하게 된다. 잘 보이려고 노력을 했는데도 상대방이 외면을 한다면 그때는 분노의 감정을 가지게 된다. 이는 자신의 존재를 거부받았다는 느낌에서 오는 수치감으로 인한 것이다.

소희의 경우에도 사랑받을 만한 가치가 있는 사람이라고 스스로 믿지 못했다. 그래서 상대가 외면하는 모습을 조금이라도 보이면 자신의 예언이 적중이라도 했다는 듯 분노하고, 결국 관계를 깨트린다. 그리고는 '나는 사랑받지 못하는 게 당연해, 거부당해 마땅해'라고 뇌까리며 자신을 부정적으로 평가하게 된다. 이렇게 쌓이고 누적되는 경험들은 자신의 부정적인 신념을 확고하게 해 주는 근거로 작용하여 관계의 악순환을 지속시킨다.

소희는 연애 초반에 신이 나고 기분이 좋았다고 한다. '나를 좋아해 주는 사람이 있구나'라는 환희에 들뜨게 된다. 그런데 시간이 지나면서 상대가 나를 좋아하지 않는 것 같다는 느낌이 들 때면, 불안한 마음을 주체할 수 없어서 신경이 날카로워진다고 한다. 별것도 아닌 일에 상대에게 짜증을 내는 일이 빈번해지고, 그 행동이 통제가 되지 않는다며 한참을 눈물을 흘렸다. 소희의 눈물에 나도 같이 마음이 아려왔다. 그리고 우리는 그 시간에 느꼈던 무거운 마음을 기억하기로 했다.

'나는 사랑받지 못하는 사람'이라고
생각하는 당신

사랑을 받는 사람으로서

자신에 대한 확신이 없으면

누군가 아무리 나를 진심으로 사랑해 준다고 해도

그 마음을 온전히, 그대로 받아들일 수 없게 돼요.

예전에 거부당한 경험을 토대로

'나는 사랑받지 못할 거야'라는 생각으로 상대를 바라보면

어느 누구와도 새로운 관계 경험을 할 수 없습니다.

지금 내 앞에 있는 상대를

있는 그대로 바라보고, 새롭게 알아가려고 노력하세요.

그는 예전에 나를 상처 줬던 사람이 아니라,

다른, 새로운 사람입니다.

2장

현우의 이야기

나 같은 건
화내면 안 되잖아
잘 봐! 내가 웃는 게
웃는 게 아니야

주인공 '현우'는 신체 건강한 31살의 남자로 대학원에서 컴퓨터 공학 전공으로 석사과정 중에 있다. 아버지는 은행원이고 어머니는 공인중개사로 맞벌이하고 있다. 형제로 4살 터울의 여동생이 아직 대학에 다니고 있다.

감정을
억압하는
현우

대학원에서 석사과정 중에 있는 현우는 거절하지 못하거나, 싫은 소리를 하지 못해서 일을 떠맡게 되는 경우가 많다. 교수님과 함께 진행하고 있는 연구 과제로 교수님께 욕먹는 것도 현우 담당이었다. 연구 진행의 많은 부분을 현우가 맡아서 하다 보니 지적받을 것도 많았다. 다른 선배들이나 동기들은 현우에게 미루며 빠져나갔다. 융통성 없고 약삭빠르지 못한 현우만 곤란한 상황에서 교수님과 부닥치기 일쑤였다. 일전에 교내 연구비를 지원받아서 진행한 연구도 상황은 마찬가지였다.

며칠 전 박사 과정인 성희 선배는 현우에게 현재 진행 중인 연구에 필요한 논문들을 찾아서 현재 동향을 살펴 놓으라고 시켰다. 솔직히 누가 봐도 그 일은 시간이 꽤 걸리는 작업이었다. 하지만 선배는 이틀 내로 하라고 지시하였다. 선배가 시킨 일만 죽어라 한다면 어느 정도 완성할 수 있는 분량이지만, 다른 일도 같이 하던 현우에게는 실현 불가능한 일이었다. 시간이 부족해서 준비를 다 못 했지만, 정해진 시간이 되어 정리한 보고서를 들고 선배에게 확인받으러 갔다. 찾아온 자료가 마음에 안 들었는지 선배는 현우 얼굴 쪽으로 종이를 던졌다.

"야! 정현우! 뭐하는 거야? 이걸 지금 보고서라고 가지고 온 거야?"

선배 목소리가 문밖까지 들릴 정도로 컸다. 고개를 푹 숙인 채 가만히 서 있는 현우는 어떠한 말도 하지 못했다.

"야! 대답 좀 해 봐! 벙어리야? 지금 나 무시하는 거야?"
"아닙니다."
"그게 아니면 나한테 반항하는 거야?"
"그런 게 아니라."
"아니면 뭔데? 너한테 일 시킨 게 그렇게 불만이야? 일하기 싫으면 연구팀에서 빠져! 생각해서 일 줬더니 이렇게 나를 엿 먹이네."
"죄송합니다."
"꺼져!"

선배의 큰 고함이 잦아들자 연구실은 적막해졌다. 다른 동기들과 선배들은 책상만 바라볼 뿐 아무도 나서지 않았다. 분위기가 험악해져서 그런 건지, 아니면 현우의 처지가 너무 초라해 보여서 그런 건지 아무도 눈길조차 주지 않았다.

교수님의 신임을 등에 업고 성희 선배는 연구실 학생들 사이에서 왕처럼 군림했다. 그중 가장 큰 타격을 받은 사람은 현우였다. 대학원에 입학한 이후 줄곧 현우는 성희 선배에게 부당한 대우를 받았지만, 연구 과제에 대한 분배를 선배가 모두 맡고 있었기에 어떠한 반박을 할 수 없었다. 선배가 분배해 주는 일을 맡지 못하면 학위 논문을 준비하는 논문 미팅에 참여할 수도 없었다. 이는 곧 졸업과도 연관이 있기에 어쩔 수 없이 성희 선배에게 좋은 평가를 받아야만 했다.

현우는 바닥에 흩뿌려진 보고서를 한 장씩 줍고, 조용히 밖으로 나갔다. 다른 선배나 동기들 보기도 창피하고 치욕스러워서 그 자리에 있을 수 없었다. 비상구로 나가서 어두운 계단에 털썩 주저앉았다. 이번 일은 친구들한테도 말할 수 없었다. 수치스럽고 비참해서 부모님에게는 더 말할 수 없었다. 부모님이 아시면 자신보다 더 속상해 하실 것이 뻔한데 그런 건 바라지 않기 때문이다.

현우는 두 손으로 머리를 움켜쥔 채, 천천히 흐느끼기 시작했다. 분하고 억울했다.

수치스러운
모욕감

찾아온 이유를 묻자 어렵게 꺼낸 첫마디가, 이유는 모르겠지만 답답하고 뭔가 깨부수고 싶다는 것이었다. 현우의 말이 너무 모호하고 추상적이라고 느껴져서 다시 구체적으로 질문했다.

"무엇을 깨고 싶다는 거예요?"

"글쎄, 모르겠어요. 그냥 답답해요."

"그러면 답답하게 느껴졌던 최근 일이 있나요? 상담 신청하는 계기가 된 사건이나 일이요."

"사람들이 저한테 어떤 행동을 하든 제가 거기에 적절하게 대처를 잘 못하는 것 같아요."

"조금 더 구체적으로 말해 줄 수 있어요?"

"얼마 전에 연구실에서 한 선배가 저한테 종이를 던졌어요. 그런데도 저는 아무 말도 못 하고 그 자리에서 얼음처럼 가만히 있었어요. 사람들도 많았는데…."

"무슨 일 때문에 종이를 던져요?"

"우리 연구실에서 진행하고 있는 연구 과제가 있는데 선배가 거기에 필요한 자료들을 정리해서 오라고 했거든요. 그런데 제가 준비한 게 마음에 안 들었나 봐요."

"그렇다고 종이를 던져요?"

"화가 나거나 뭔가 마음에 안 들면 종종 그래요."

"그런데 다들 가만히 있는 거예요?"

"저희가 졸업을 하려면 논문 미팅에 꼭 참여해야 하거든요. 그런데 그 선배 눈 밖에 나면 그 미팅에 참여할 수 없게 돼요. 그래서 저희는 뭐, 그 선배가 시키는 대로 비위 맞춰서 해요. 그리고 제가 했던 준비가 미흡했던 건 맞아요."

"그래서 선배의 행동이 당연했다는 거예요?"

"이해는 된다는 거죠."

"참네, 그 일 때문에 힘들어서 왔다면서 그 선배를 두둔하는 말을 하네요?"

현우는 참담한 표정과 분노 섞인 표정으로 자신이 겪은 억울한 상황에 관해 이야기했다. 한마디 한마디 설명할 때마다 현우는 형언하기 어려울 정도로 무거운 마음을 느끼는 듯 보였다. 하지만 표정과는 다르게 겉으로 표현된 언어는 자신에게 수치감을 느끼게 한 사람을 이해한다고 한다. 참으로 오랫동안 감정을 억누르며 살아왔던 사람의 표시가 났다.

"교수님은 그 사실을 알고 계세요?"

"교수님은 학생들 사이에서 일어난 일에 대해 그렇게 관심이 많지 않아요. 그냥 그 선배를 믿고 맡기시는 것 같아요. 어차피 교수님은 연구 실적만 잘 나오면 되니까요."

"그럼 현우 씨 기분은 어땠어요? 그때 주변에 사람들도 많았다면서요."

"기분이요? 그건 잘 모르겠고, 제가 그냥 병신 같았어요. 아무 말도 못 하는 저한테 더 화가 났던 것 같아요. 그냥….'"

현우는 어렸을 때부터 불평 한 번 해 본 적이 없었다고 한다. 그런 현우에 대해 주변 어른들은 의젓하고 신중하다며 그의 태도를 높이 샀지만, 또래 친구 중 짓궂은 아이들은 별다른 대응을 하지 못하는 그에게 무례하게 굴거나 장난을 치고 무시하는 일이 다반사였다.

현우는 자신이 대응하지 못했던 일이 한 가지 더 생각났다며 이야기했다. 아마 초등학교 4학년 즈음이었던 것 같다. 동생과 자전거를 타고 가는 길에 같은 학교 친구가 다가오기에 인사했더니, 다짜고짜 주먹을 쥐고 현우의 배를 쳤다. 이때 옆에 있던 동생은 그대로 얼음이 되어 버렸고, 현우는 갑작스러운 공격에 배를 움켜쥐며 잠시 허리를 숙였다. 그 친구는 '까불지 마!'라고 말하며 현우를 쳐다보고 있었고, 현우는 이내 허리를 폈지만 어떠한 대응도 하지 못했다. 영문도 모른 채, 동생 앞에서 창피하게 친구한테 한 대 맞았는데도 현우는 눈으로 노려만 볼 뿐 어떻게 대응해야 할지 몰라서 당황했다. 그러는 사이 사건은 그대로 종료가 되어 버렸다고 한다.

솔직히 말하면 현우는 그때의 사건과 지금 사건에서 모욕감을 느낀다고 했다. 모욕감은 인격적으로 피해를 받았는데 이에 적절하게 대응하지 못했던 무능감으로 인해 느껴지는 수치심과 유사한 감정이다. 현우도 바보같이 처신한 자기 자신을 수치스럽게 여겼던 것이다.

우리는 스스로 어렴풋이 알고 있다. 내가 겪고 있는 이 상황이 부당한지 아닌지 말이다. 부당한 대우에는 응당 불편감을 표현해도 되지만, 타인의 눈치를 살피느라 내 감정을 숨기며 살았던 사람들은 그렇다할 방어조차 해 본 적이 없다. 방어하지 못한 순간에는 상황에 대한 분노보다 아무것도 하지 못한 자신에게 더 큰 분노와 비난을 쏟아 붓게 된다.

할 말 못하고
이불킥하는 당신

'그때 그 말을 왜 못했을까?'
뒤늦게 후회가 밀려오죠?

분하고 억울한 마음에
잠도 오지 않고요.

하지만 그때 그 상황으로 다시 돌아간다고 하더라도
당신은 똑같이 할 말을 못할 거예요.
아직까지 상대의 눈치를 살피고 있다면요.

두 번 다시 이불킥을 하기 싫다면
어디서든 당당해져야 합니다.
나를 방어하는 차원의 말은 하고 살아야죠.

허락된 감정이 없어서
힘들어요

"현우 씨에게 함부로 대하는 사람에게 어찌 그렇게 한마디도 못 했어요?"

"어떻게 해야 할지를 몰랐어요. 뭐라고 해야 할지 모르겠더라고요. 그런 상황에서 대꾸해 본 적이 없거든요."

"부모님께도 한 번도 싫다는 소리를 안 해 본 거예요?"

"네, 아버지가 말대꾸를 싫어하시거든요. 한집에서 사는데 괜히 집안 분위기 안 좋게 만들기보다는 제가 그냥 참고 넘어가는 게 서로에게 좋으니까 그랬죠."

"집안 분위기를 좋게 하는 게 서로에게 좋다고 했는데, 거기에 현우 씨는 포함이 안 되네요?"

"네?"

"현우 씨 자신에게는 관심 두지 않은 것 같아요."

"음…, 그렇기는 하지만 아버지 이야기가 틀린 게 별로 없었어요. 그래서 반박할 일이 없던 것도 있고요."

"학교에서 문제 푸는 것도 아니고 맞고 틀리고의 문제가 아니잖아요. 관계에서 벌어지는 일들은 감정의 문제예요. 아버지의 말에 현우 씨 기분이 어떠한지가 더 중요한 거죠."

"그게 무슨 말이죠?"

"아버지 말씀이 옳다면 그 말에 따르는 것이 나쁘지 않아요. 좋죠. 하지만 아버지 말을 듣고 현우 씨가 느끼는 감정이 있을 거잖아요. 그 감정에 대해서는 전혀 고려하지 않으니까 하는 말이에요."

"무슨 말인지 모르겠어요. 그게 어떻게 다르다는 거죠?"

"예를 들면, 직장에서 상사가 이야기하면 대부분 그 의견에 따르죠? 그리고 그 의견을 제시한 상사에게 나의 감정이 어떠한지 이야기를 하지 않잖아요. 상사와 나는 공적인 관계이기 때문에 그렇죠. 공식적으로 업무 처리하는 과정에서 서로 의견 주고받고, 옳고 그름을 따지는 거죠. 물론 그 안에서 서로 인간적인 관계를 맺는 경우도 있겠지만요. 하지만 부모와 자식 간의 관계에서는 그렇게 업무를 처리하는 관계가 아니란 말이에요. 지켜야 하는 말과 규칙들을 떠나서 서로가 감정적으로 어떠한 마음인지 알아주고, 위로해 주고, 서운하다고 말도 하고 내가 느끼는 감정을 부모에게 표현해야 하는 그런 정서적인 관계라는 거예요. 그런 관계에서는 얼마든지 규칙이 변할 수 있어요. 규칙이 중요한 관계가 아니라 서로의 마음, 감정이 중요한 관계니까요."

"저는 그러면 안 됐어요. 아버지나 엄마한테 서운하다고 얘기하거나 징징대는 거, 그리고 화내는 감정을 표현하면 크게 야단맞았죠. 대신 '인상 펴라!', '웃어라!' 이런 이야기들은 많이 들어 왔어요. 그렇게 저는 화내면 안 되는 것으로 알고 살아왔어요. 다들 싫어했거든요."

현우는 통제적인 아버지 밑에서 한마디도 편히 말하지 못하고 자신의 감정을 억누른 채 아버지 의견에만 순종적으로 따랐다. 오히려 그 사이에서 힘없이 속상해 하는 어머니를 어린 현우가 위로해야 했다. 아버지는 자기 생각이나 의견에 반박하는 것을 싫어했고, 큰아들인 현우가 자신의 감정을 서툴게 표현할 때마다 야박하게 혼냈다. 여동생보다 더 엄하게, 더 빈틈없이 야단맞았다.

현우네 집에서는 허용되는 감정이 따로 있었다. 다만, 여동생에게는 몇 가지 허용되는 감정이 더 있기는 했지만 현우는 달랐다. 아버지가 무섭고 두려워도 표현할 수 없었고, 동생에게 화가 나는 것도 표현할 수 없었고, 기쁜 감정도 쉽게 표현할 수 없었다. 감정뿐만 아니라 욕구를 표현하는 것도 쉽지 않았다. 현우가 원하는 것, 하고 싶은 것을 이야기해도 아버지는 완벽한 논리를 들이대며 현우 스스로 포기하도록 만들었다. 그런 아버지에게 답답함을 많이 느껴 왔지만, 힘 있게 대항하기보다 순응하는 것을 택했다. 그렇게 현우가 느낄 수 있는 감정과 욕구는 점차 희미해졌고 결국 사라지게 되었다.

부모에게 자신의 마음을 표현하거나 욕구를 드러내기보다는 부모의 욕구대로 해 주는 아들이 돼 있었다. 이러한 관계 패턴은 밖에서도 똑같이 반복되었고 어디 가서도 당당하게 자기 주장을 제대로 펼 수 없었다. 이렇게 누적된 좌절감은 현우의 불편감을 더 쌓이게 했다.

"솔직히 지금까지 제가 살아온 방식이 잘못됐다고 생각해 본 적은 없어요. 불편한 적도 없고요. 그냥 기분 좋게 잘 지냈던 것 같은데."

"대학원 들어오기 전까지는 크게 불편한 줄 모르고 살았을 거예요. 군이 나서서 자기주장을 할 만큼 위협적인 상황도 없었겠죠. 그래서 어느 정도 억눌러도 살 수 있었을 거예요. 그 정도의 불쾌감은 참을 수 있었겠죠. 그러다 지금처럼 예상치 못한 상황에서는 이전과는 다르게 대처해야 하는데 참는 거 말고 다른 대안이 없으니 힘들어진 거예요."

어렸을 때는 현우에게 부탁하거나 지시 내리는 사람들이 그렇게 많지 않은 환경이었다. 현우로 인해 갈등이나 논쟁이 생겨서 다른 사람들이 피해 보는 일도 전혀 없었다. 그래서 나중에 어떤 어려움을 겪게 될지 전혀 생각 못 하고 있었는데, 대학원에 들어가면서부터 힘든 일들이 예상치 못하게 터져 나왔다. 현우는 사람들과의 관계에서 힘에 부치는 느낌을 받았고, 이에 대처할 방법도 모르니 혼자 속으로 욕하거나 분노했고 좋아하는 축구를 하면서 그 분노를 해소해 보려고 했지만 뜻대로 되지 않았다. 감정을 느끼고 표현하는 것이 자연스러운 과정인데 어렸을 때부터 감정 표현을 억제하던 관성이 지금 현우의 발목을 잡고 있다.

감정의 다양성을
모르는 당신

부정적 감정과 긍정적 감정만 있지
나쁜 감정, 좋은 감정
틀린 감정, 옳은 감정이 있는 것이 아니에요.

당신이 느끼는 그 어떤 감정이라도
나쁘고 틀린 게 아니라 당연한 반응이에요.

불쾌한 감정을 느끼면 안 될 것 같죠?
하지만 불쾌한 감정이 느껴져서 당혹스럽고 혼란스럽죠?
그렇게 어둡고 칙칙한 감정을 느끼는 게 본디 자연스러운 현상이니
너무 놀라지 마세요.

감정에는 옳고 그름을 따지는 도덕적 기준이
적용되지 않습니다.

상대에게 화를
내는게 두려워요

건강한 분노는 상대를 파괴하거나 복수하기 위해 분출하는 '화'와는 질적으로 다르다. 즉, 나의 영역을 보호하고 나의 가치가 손상되지 않도록 방어하기 위한 분노이기에, 오히려 잘만 활용하면 건강한 관계를 맺도록 하는 데 도움이 되는 감정이기도 하다.

하지만 현우는 부당한 상황에서 스스로를 보호할 수 있는 능력조차 키우지 못했다. 그저 누군가 화를 내면 그 화가 누그러질 때까지 상대방의 이야기를 묵묵히 듣고 있거나, 혹은 상대방의 요구에 맞춰 주는 것밖에 몰랐다. 그렇기에 연구실에서도 선배가 부당한 요구를 하거나 사람들 앞에서 수치감을 주거나, 혹은 교수님의 지적이 억울한 상황이어도 상대방의 이야기를 묵묵히 듣고 있는 것으로 자신의 역할을 다하는 것이라고 생각했다. 하지만 이제는 아무런 보호 장치 없이 남의 화를 온몸으로 받으며 버틸 자신이 없어서 상담을 받으러 오게됐다.

"이제는 감정을 표현해야 한다는 말을 조금은 이해했어요. 그래야 하는 것도 알겠어요. 그런데 제가 화를 내면 어떻게 될지 모르겠어요. 그것도 무서워요."

현우는 막막한 표정을 지었다. 한 번도 화를 내보지 않은 사람들은 자신의 분노가 어디까지 표출될지 과도하게 걱정한다. 그렇기에 화를 표현하지 못하고 오히려 꾹꾹 눌러 담아 놓는 것이다.

"현우 씨는 불편한 감정을 드러내거나 화내 본 적은 있어요?"
"대부분 참는편이고, 가끔 운동으로 풀었죠. 축구를 하거나 달려요.
축구할 때는 좀 달라요. 욕도 하고 싸우기도 해요. 그러고 보니 거기
에서는 엄청 공격적으로 변하네요. 상대가 아버지뻘 되는 어른이어
도 상관없이 그런 것 같아요. 그런데 밖에서는 정말 못 하겠어요."
"만약에 현우 씨의 분노나 공격성을 건설적인 운동을 통해 승화
sublimation시킬 수도 있겠지만, 그 안에서 욕하고 무례하고 자극적으
로 행동하는 건 건강하게 해소하는 게 아니에요. 그 안에서 다른 사람
을 내 뜻대로 제압하려고 하는 욕구는 링 밖에서도 충분히 일어날 수
있는 일이거든요."

현우는 화를 못 느끼는 게 아니었다. 그동안 표현하지 않고 참고 눌
러 왔던 화를 운동을 통해 해소했을 뿐이다. 특히 축구와 같이 경쟁하
는 스포츠는 공격적인 언행이 적정수준 허용되는 부분이 있어서 제
한 없이 마음껏 표현했다. 운동을 통해 자신의 공격성을 건강하게 풀
어낸다면 그것 또한 나쁘지 않겠지만, 그 안에서 다른 사람을 무시하
며 무례하게 대한다면 대학원의 그 선배와 무슨 차이가 있을까 싶다.
하지만 현우처럼 오랫동안 감정 표현을 억제해 오거나 자기주장을

해 오지 않았던 사람들은 내 생각과 감정을 표현했을 때 어떤 반응이 돌아올지 예상되지 않기 때문에 선뜻 표현하기가 두려울 수도 있다. 우리는 예측할 수 없고 통제할 수 없는 상황에 놓이는 것을 매우 싫어하기 때문에 그렇기도 하다. 모호하고 불확실한 상황에 어떻게 대처해야 할지 모르니 미연에 방지하고자 과감한 시도 자체를 하지 않는 것이다.

감정 표현이 두려운 이유가 상대 반응을 예상할 수 없어서 그렇다면 오히려 나을 수도 있다. 그보다 더 큰 난관은 내 감정을 팽개쳐 둔 세월이 길다 보니 내가 지금 어떤 감정을 느끼고 있는지 둔감해졌다는 것이다. 감정이란 다채롭고 미묘하기 때문에 세세한 차이를 감지하는 것은 보통 어려운 일이 아니다. 현우는 그저 뭔가 이상하고, 뭔가 불편하다는 느낌으로 감정을 뭉뚱그려 이해하는 수준이다. 그럴수록 자꾸 내 감정을 표현해 봐야 내 마음이 진짜 어떤 감정이었는지 더 정확하고 섬세하게 알아 갈 수 있기 때문에 표현을 많이 해 봐야 한다.

따라서 느껴지는 감정들에 대해 가볍게 넘어가지 말고 주의를 기울여야 한다. 느끼려고 노력하고, 표현하도록 노력하는 것이 내 마음을 알아차리는 데 도움이 된다. 다만 매 순간, 매 감정 표현하기는 어려울 수 있고, 그때마다 반응해야 하는 상대방도 피곤해할 수 있다. 그럴 땐 중요하게 여겨지는 감정들에 더 집중해서 표현해 보는 것도 한 방법이다. 혹은 느껴지는 감정이라도 먼저 표현해 보는 것도 좋다.

감정을 그때마다 표현하면 마음속에 쌓이는 불편한 감정들이 없어지기 때문에, 그리고 억울한 일도 빈번하게 발생하지 않기 때문에 부정적인 감정을 느끼는 횟수와 강도가 점차 줄어들게 된다. 그러니 부정적인 감정을 표현하게 되면 화를 자주 내는 나쁜 사람으로 비춰질까 봐, 혹은 상대방과 갈등이 깊어질까 봐 걱정하는 것은 기우이다. 더군다나 감정은 표현하는 횟수보다 표현하는 방식이 더 중요하기 때문에, 쌓아 두었다가 폭발하는 것보다 조금씩 김을 빼는 것이 듣는 사람 입장에서도 받아들이기 좀 더 편안하다. 관계를 건강하게 유지하기 위해서라도 그때마다 작은 화로 표현하는 게 서로에게 더 이로울 것이다.

관계 안에서
감정을 숨기는 당신

좋아하는 사람에게 잘 보이고 싶고. 그 관계를 유지하기 위해

나보다 상대방의 기분을 맞추려고 하죠.

당장은 그 방법이 관계를 유지하는 데 도움이 되는 것처럼 보이겠지만

실상은 관계를 해치는 가장 큰 원인이 되기도 해요.

자신의 감정을 표현하지 않고 마냥 맞춰 주기만 한다면

상대는 마냥 좋기만 할까요?

그렇지 않습니다.

오히려 상대방 또한 당신의 감정을 파악하기 위해 온갖 눈치를 살피거나

자신만 배려 받는 이기적인 사람으로 느껴져서 불편할 거예요.

상대를 배려한다면 당신의 감정을 솔직하게 표현해서

상대의 탐정놀이를 멈추도록 돕고

상대 또한 타인을 배려하는 좋은 사람이라는 느낌을 받도록 도와주세요.

솔직하지 않은 게
나쁜 건가요?

"상대방에게 부정적인 감정을 표현하지 않은 게 상대방을 위한 거로 생각했어요."

"어떤 면에서요?"

"제가 화를 내거나, 싫다고 하면 상대방이 상처받지 않겠어요? 다들 그러잖아요."

"오히려 그 생각은 현우 씨를 위한 것 같은데요. 상대를 위하는 게 아니라요."

"그게 왜 그렇게 되죠?"

"만약에 상대방이 상처를 받았다면요? 상대방이 현우 씨에게 어떤 반응을 보일까요?"

"제게 화를 내겠죠. 아니면… 감정적인 사람이라고 하거나, 무식하다고 폄하하든지요."

"그렇죠. 우리는 그런 일이 벌어질까 봐 화를 못 내요. 기분 나쁘다고 말도 못 하는 거예요."

"…."

"상대방을 위해 화를 내지 않는 게 아니라 나쁜 사람이라고 욕먹기 싫고, 미성숙한 사람으로 보이기 싫은 내 욕구 때문에 감정을 표현하지 않는 거예요."

많은 사람이 현우와 같은 착각을 하고 있다. 내 감정을 표현하려고 할 때 그 감정이 긍정적일 때와는 다르게 부정적일 때는 상대방이 듣고 상처받을까 봐 이야기를 못 하겠다고 말한다. 사실은 부정적인 감정이나 생각을 표현했을 때 미움받을까 봐 두려워서, 혹은 자신의 이미지가 나빠질까 봐 표현하지 않는 건데 사람들은 그럴듯한 이유로 자신의 비겁함을 합리화한다.

"성희 선배는 어떤 사람이에요?"

"그냥 거만하고 자기 멋대로 하는 사람이죠. 그게 지금 왜 중요하죠?"

"현우 씨는 그 선배를 어떻게 보는지 궁금해서요."

"그냥 안하무인에 막무가내, 교수님만 믿고 거들먹거리는 사람이죠."

"실력은 어때요?"

"형편없죠. 한심해요. 그래서 저희 없으면 자기 혼자서는 어떤 연구도 진행 못 할걸요?"

"속으로는 엄청 무시하고 있었네요? 그런데도 아까는 무시하는 그 마음은 쏙 숨기고 이해된다는 말만 했어요. 그렇죠? 앞뒤가 참 다르네요."

"뭐, 그렇다고 할 수도 있죠. 그런데 굳이 표현할 필요는 없잖아요?"

"그렇죠. 당연히 공적인 관계라면 내 속마음을 다 표현할 필요는 없지요. 그런데 현우 씨의 속마음이 어떤지 정확히 알고서 살아가자는 거예요. 겉으로는 되게 신사인 척, 유순한 척하고 있잖아요. 남은 속일지언정 자기 자신은 속이지 말자고요."

"그게 중요해요?"

"그럼요. 내 감정이나 생각을 정확하게 모르면 내 것인데도 내가 통제하지 못하고 오히려 불쑥 튀어나오게 돼요. 그렇게 부적절하게 표현된 감정은 관계나 상황을 망가뜨리는 원인이 되기도 하죠. 괜히 엉뚱한 사람한테 화풀이하는 것은 내가 내 마음을 모르기 때문에 벌어지는 일이에요. 종로에서 뺨 맞고 한강 가서 눈 흘기지 말고, 정확한 대상에게 정당한 감정을 표현하기 위해 내 마음을 정확히 알고 살자고요."

신사인 척
하는 당신

사람이라면 누구나 다른 사람을 싫어할 수도, 미워할 수도 있어요.

당신만 특별히 모든 사람을 수용할 수 있는 사람이 아니에요.

그것은 꾸며진 모습이죠.

당신도 속으로는 다른 사람을 평가하고 비난하는 공격적인 면이 있으면서

겉으로는 온화한 척, 부드러운 척, 이해하는 척하고 있죠.

스스로가 겉과 속이 다르다는 것을 인식한다면 다행이에요.

그렇지 않으면 당신의 날카로운 공격성이

자신도 모르게 주변 사람을 향해 찌를 수 있거든요.

아버지처럼
살지 말자

"축구를 하면서 욕하고 싸우는 거 말고, 가까운 관계에서 내 감정을 솔직하게 표현하는 연습을 해야겠어요. 그렇지 않으면 자신도 모르게 본인의 화를 부적절하게 표현할 수도 있으니까요."

"정말 그럴까요?"

"지금이야 현우 씨보다 약하고 만만하고, 정서적으로 가깝게 얽혀 있는 사람이 없으니까 적당히 거리를 두면서 감정을 억압할 수 있는데, 만약에 가정을 꾸려서 아내와 자식이 생기게 됐을 때 우리가 아버지처럼 하지 않을 거라고 장담을 못 한다는 거에요."

"저는 아버지처럼 가족들 무시하고, 자기감정을 조절 못 해서 마구잡이로 화내고, 가족들을 불안에 떨게 하지 않을 거에요."

"누군가에 의해 생긴 부정적인 감정은 표현하지 않으면 절대로 그냥 사라지지 않아요. 오히려 그때마다 표현하지 않으면 눈덩이처럼 커져서 폭발적으로 나오게 돼요. 아버지가 무섭다고 하셨죠? 아버지가 화내면 어떻게 화를 내시죠?"

"폭력적으로 변하시죠…, 가구가 망가지기도 하고…."

"그런데 밖에서는 현우 씨처럼 좋은 사람이라는 평을 많이 듣죠?"

"네, 아무래도 그렇죠."

"그렇기 때문에 현우 씨도 더 화기 날 거에요. 밖에서는 좋은 사람인 척하고 집에서는 폭군으로 변하니까요. 아버지 본인도 화가 쌓이는 줄 모르고 계시다가 한꺼번에 갑자기 터지는 경우가 많을 거에요.

그런데 안타깝게도 감정 조절이나 표현방식은 가정에서 보고 배운 게 전부라서 현우 씨도 아버지의 감정 표현 방식을 답습할 가능성이 높아요. 그래서 아버지처럼 살지 않으려면 부정적인 감정 표현은 억제하고 긍정적인 감정만 표현하는 게 아니라, 오히려 부정이든 긍정이든 차별하지 않고 솔직하게 표현하면서 내 감정을 컨트롤 할 수 있는 능력을 키우는 게 중요해요."

현우는 화를 어디까지 내야 하는지 모르겠다고 한다. 운동할 때와 달리 일상적인 상황에서는 표현해서는 안 된다고 생각하고 있었다. 하지만 현우가 궁금해하는 그 기준선은 정확한 답이 없다. 이는 상대방과 조절을 해 가면서 나의 감정을 표현하는 방식과 강도를 정하는 것이기 때문이다. 함께 마음을 주고받고 있는 상대에게 물어봐야 한다. '내가 이렇게 표현하는데 너의 마음은 어떤지' 말이다.

내 감정을 표현하면서 상대방의 마음과 감정도 듣는 것. 그것이 우리가 감정 표현할 때 필요한 가장 중요한 태도이다. 또한 그런 마음가짐은 아버지와 다른 삶을 살 수 있도록 만들어 주는 핵심 비결이다. 아버지는 본인이 감정을 표출할 때 가족들이 어떤 심정인지 전혀 공감할 수 없었기 때문에 그토록 불안한 환경을 조성했다. 그렇기에 현우가 두려워하는 그 장면을 본인이 또다시 반복해서 재연하지 않기 위해서는 상대방의 감정을 고려하는 것이 중요하다.

부정적인 감정 표현을
선호하지 않는 당신

긍정적인 관계는

부정적인 감정을 표현할 때 진정으로 만들어져요.

부정적인 감정을 서로 공유하다 보면

서로에 대한 마음을 더 잘 이해할 수 있게 돼서

관계의 깊이가 더해지죠.

관계 안에서 발생하는 감정들을 표현하지 않으면

오히려 갈등의 골이 깊어지고

처음에는 별거 아닌 일이었지만

나중에 더 큰 문제를 일으키게 돼요.

그러니

부정적인 감정을 표현하는 일을 너무 나쁘게만 생각하지 마세요.

내가 특별해서 그렇다며?
그럼 나를 인정해 줘
계속해서 칭찬해 줘

3장
성현의 이야기

주인공 '성현'은 신소재 공학을 전공하고 대학원에서 석사과정을 밟고 있는 32세의 남자다. 그리고 학원 관리인인 아버지와 같은 학원 원장이신 어머니와 함께 살고 있다. 형제로 한 살 터울의 직장에 다니는 남동생이 있다.

특별하고
싶었던
성현

성현은 같은 연구원 동기 중 민석이 그렇게 싫었다. 불평불만도 하지 않은 채 교수님의 지시에 잘 따르며 주어진 많은 과제를 척척 해내는 모습이 너무 꼴사납고 질투가 났다. 같은 연구실에, 같은 지도교수님 밑에 함께 있는 것 자체가 너무 싫었다.

성현은 자신의 것을 유지하고 지키기 위해 피나는 노력을 해야만 했다. 그에 반해 민석은 너무나 쉽게 자신이 바라는 것을 취하는 것이 얄미워 보였다. 사사건건 민석이 하는 것마다 시비를 걸지만 민석은 웃으며 넘길 뿐이었다. 의식하는 자신과 다르게 무신경한 민석의 태도를 보며 짜증이 났다.

'왜 나를 무시해? 저 착한 척하는 표정. 위선적이야. 앞에서는 친절한 척하면서 뒤에서는 사람 무시하고, 기회주의자한테 사람들은 다 속고 있는 거야….' 공부도 잘하고 착하게 보이는 민석이가 인기가 많은 것에 성현은 의심스러운 생각이 들었다.

'저 자식이 뭐라고 다들 왜 저렇게 좋아해? 딱 보면 이기적인 게 티가 나는 데 왜 저렇게 좋아하는 거야?'

그에 반해 성현은 사람들과 별로 사이가 좋지 않다. 자기 자랑만 하는 허풍스런 성현을 사람들은 멀리했지만, 성현 자신은 '다들 질투해서 나를 멀리하는 거야'라고 생각해 왔다.

"민석이가 우수 논문상을 탔대!!! 야 대박!!"

승찬이 연구실에 들어오며 민석을 축하해 주었다. 승찬은 성현과 민석의 동기로 현재 3학기 학생은 이들 셋이 전부다. 성현의 표정이 갑자기 어두워졌다. 그것도 모르고 승찬은 연신 논문에 대해 칭찬을 하며 민석을 자랑스러워 했다.

"별거 아니야. 이번에는 신청한 사람들이 별로 없다고 들었어. 경쟁률이 높지 않아서 내가 받게 된 거야."

"야! 무슨 소리야, 우수 논문상인데, 지금 우리 선배들도 못 타고 있는 거야! 장난해? 그냥 좋아해도 돼~! 뭘 그렇게 웃음 나오는 걸 참냐! 재수 없게, 겸손한 척하지 마!"

승찬은 민석의 등을 때리며 같이 기뻐해 준다. 그런 상황에서 성현은 아무 말도 못 했다. 더 정확히 얘기하자면 시기하는 자신의 마음이 들킬까 봐 입을 못 열고 있었다. 입을 열었다가 마음속 어떤 이야기가 나올지 두렵기 때문이다.

'내가 했으면 더 잘했을 텐데….'
"이성현! 너 뭐하냐? 이런 상황에서도 너 할 일만 하냐? 민석이가 올해의 우수 논문상 탔다고!"
"그게 뭐라고 호들갑이야."
"뭐? 이자식 말 한번 싸가지 없게 하네."
"야야, 다들 그만해."
"하여간, 이성현 너는 남들이 하는 건 다 별거 아닌 것처럼 보이지? 지만 잘난 줄 알고 말이야. 진짜 너 그렇게 살면 안 돼."

성현은 승찬을 한 번 흘겨보더니 자리를 박차고 연구실 밖으로 나왔다.

내가 더
잘할 수 있는데

"이성현 씨 되세요?"

"네"

성현은 다소 경직된 얼굴과 부자연스러운 걸음걸이로 들어왔다. 내가 성현의 큰 키를 올려다보며 인사말을 건넸지만 성현은 인사 대신 눈만 아래로 살짝 마주쳤다. 그렇게 짧고 어색한 눈인사만을 나눈채 대화를 시작했다.

"상담은 처음이신가요?"

"네, 별로 필요성을 못 느꼈거든요. 솔직히 지금도 상담을 통해 도움을 받을 수 있을지 잘 모르겠어요."

다소 딱딱한 말투로 깔보듯이 말하는 어투가 거슬렀다. 그와 동시에 어떤 마음에서 상담에 대한 회의감을 그렇게 표현했는지 알고 싶기도 했다.

"그러게요. 모두가 상담을 통해 나아질 거라고 백 퍼센트 믿지 않기도 해요. 상담을 받으면서도 '이게 정말 도움이 되나?' 하는 의구심이 들 때가 많아요. 일단은 성현 씨가 가진 생각을 나에게 솔직하게 이야기해 줘서 좋네요. 그런데 도움받을 수 있을지 의구심이 들면서도 이곳에 찾아온 이유가 뭘까요?"

"이것저것 다 짜증 나고, 아무것도 할 수가 없어요."

"어떤 게 그렇게 짜증이 났어요?"

"연구실에 동기 2명이 있는데, 그 동기 중에 1명이 엄청 가식적이에요. 그 모습이 진짜 싫은 거 같아요."

"어떻기에 가식적이라고 말하는 거예요?"

"사람들이 칭찬을 해 줘도 괜히 겸손한 척하고, 공부도 열심히 안 하는 척하는 게 웃기더라고요. 그런데 사람들도 웃겨요. 어쩜 그렇게 사람 보는 눈이 없는지, 걔가 뭐 그렇게 잘났다고 칭찬을 해 주는지 모르겠어요."

"사람들이 동기를 칭찬하는 게 왜 그렇게 화가 나는 일이에요? 동기가 겸손한 척을 하든, 사람들이 보는 눈이 없든 그게 무슨 상관이기에 그렇게 화를 내는지 궁금해요."

"그냥 싫은 건데, 그게 이유가 있겠어요?"

"네, 사람은 저마다 싫은 이유가 다르거든요."

"음…, 그냥 칭찬받고 좋아하면 되지 뭘 그렇게 겸손한 척, 아닌 척을 하는 건지. 그게 싫은 거 같아요."

"칭찬받는 게 부러워요?"

"제가요? 그런 찌질해 보이는 애를 왜요?"

"그럼 그 찌질한 동기를 왜 그렇게 신경 써요? 그게 더 말이 안 되지 않아요?"

오자마자 동기에 대한 불편한 속내를 드러냈다. 그 동기 때문에 여간 짜증나는 게 아니라고 말하는데 그 이유가 선뜻 납득이 되지 않았다. 가식적이라서 싫다는 설명도 그럴 듯하게 이해되지 않고, 그 동기가 직접적인 피해를 준 것도 아니기 때문에 성현만의 특별한 이유로 동기를 싫어하고 있다고 생각했다. 의식하지는 못하지만 누군가를 싫어할 때는 분명한 이유가 있다. 내가 싫어하는 내 모습과 닮아서 싫을 수도 있고, 내가 갖고 싶은 것을 가져서 싫을 수도 있다. 어쨌든 싫어하는 마음에는 저마다의 이유가 있다.

"부러운 건 아니고 교수님은 왜 그렇게 걔를 좋아하는지 모르겠어요. 선배들도 그렇고."

"그게 성현 씨한테는 중요한 문제인가 봐요?"

"뭐, 그런 건 아니고. 그냥 이해가 안 가서 궁금한 거예요."

"교수님이나 선배들이 그 동기를 대하는 태도랑 성현 씨를 대하는 태도가 사뭇 다른가 보죠?"

"글쎄요…, 제가 느끼기엔 그런 것 같아요."

"어떻게 다른데요?"

"그건 잘 모르겠고, 저도 연구 잘할 수 있는데 성과가 잘 나오는 연구는 걔하고만 하는 것 같으니까요. 왜 저한테는 그런 기회를 안 주나 모르겠어요."

"그게 어떤 이유로 그런 것 같아요? 그 동기의 연구능력이 더 좋은가? 아니면 교수님의 애정도가 그 동기에게 남달라서? 아니면 그냥 균등하게 분배하다가?"

"연구 능력은 제가 더 좋으니까 그 이유는 아닌 것 같은데."

"성현 씨가 생각하기에 아닌 이유가 확신하면, 반대 이유도 확신할 거예요. 잘 생각해 봐요."

"교수님한테 그 동기가 더 인정받기는 해요. 저보다 더 열심히 하기도 하고, 성격도 좋거든요."

"그 동기처럼 되고 싶어요?"

"뭐가요?"

"성실하고 성격도 원만해서 연구실 사람들하고 친하게 지내고 교수님께 인정받고 싶은 건가요? 그 동기처럼 말예요."

"글쎄요. 잘 모르겠어요."

"그럼 아까, 그 동기를 부러워하냐고 했는데 그 이야기 듣고 어때요?"

"글쎄요…, 별로 그런 것 같지는 않은데요."

사람들의 마음속에는 관심 받고 싶은 마음, 사랑받고 싶은 마음이 자연스럽게 자리 잡고 있다. 하지만 그러한 욕구가 충족되지 못할 때, 혹은 내가 받고 싶은 관심을 내가 아닌 누군가 받고 있을 때 시기하고 질투하게 된다. 성현의 말 속에는 동기가 가진 것을 못 가진 자로서 질투하는 마음이 담겨 있었다.

사람들은 내가 다른 사람보다 부족하다는 것을 인정하기 어려워한다. 게다가 누군가를 질투하고 시기한다는 것은 자신을 못났다고 인정하는 것이기에 그 감정을 받아들이기 더 어렵다. 이는 성현도 마찬가지이다. 그 역시 동기를 질투하는 감정을 받아들이기 어려워했다.

남을
부러워하는 당신

사람들은 각자 고유한 특성이 있습니다.
내 것 네 것 중에 어느 것이 더 우월하거나 열등하지 않습니다.
그저 각자의 개성이고 특성입니다.

내 모습에 장단점이 있듯이
상대방의 모습에도 장단이 있는데
마치 저 사람의 장점을 내가 갖기라도 한다면
내 인생이 굉장히 달라질 수 있다고 환상에 젖기도 하지요.

현실 도피용으로
남의 것을 탐하며 환상을 좇지 말고
지금 내 자리에서 나를 있는 그대로 바라봐 주세요.

내 능력을
들킬까 봐 두려워

내적 스트레스가 가중될 때 우리는 가장 만만한 상황에서, 만만한 상대에게 내 감정을 터뜨리는 경우가 수두룩하다. 그렇기 때문에 상담자는 때때로 내담자상담 방문자의 말을 액면 그대로 듣는 것이 아니라 전체적인 상황을 고려하고, 현재 내담자가 호소하는 어려움이 직접적인 문제인지, 혹은 진짜 문제는 숨기고 부차적인 문제를 보고하는 것인지 구분할 필요가 있다. 문제의 발단배경을 명확하게 해야 해결책 또한 정확하게 제시할 수 있기 때문에 그러하다. 성현의 경우에도 다른 스트레스로 인해 발생한 감정을 동기를 미워하는 것으로 터진 것은 아닌지 알아보고자 했다.

"그 동기가 싫은 게 언제부터예요? 요즘 들어 더 싫어진 거예요?"

"초반에는 잘 모르기도 했고, 연구실에서 그렇게 눈에 띄지도 않아서 별로 관심없기는 했어요. 요즘 들어 더 싫어지기는 했네요."

"요즘 들어 왜 더 싫어졌을까요? 그 동기가 사람들하고 더 친해졌어요? 아니면 교수님한테 인정을 더 받았어요?"

"이번에 우수 논문상을 타기는 했어요. 교수님하고 같이 연구한 거죠."

"오, 석사 과정 학생이 우수 논문상을 타기 쉽지 않은데 대단하네요."

"뭐, 흔치 않은 건 아니죠."

"무슨 말이죠?"

"아니 뭐, 석사들 중에도 상 타는 사람이 없지는 않다고요."

"성현 씨는 어때요? 석사 과정이면 졸업 논문도 준비해야 할 거고, 연구실에서 프로젝트 진행을 많이 한다면 성현 씨도 참여하고 있는 것도 있을 텐데. 아무것도 할 수 없다고 했죠? 그건 무슨 말이었어요?"

"그냥 아무것도 할 의욕이 없어요. 가만히 누워만 있고 싶고…."

"어떤 것을 해야 하는데요?"

"졸업하려면 논문을 써야 하는데 주제 잡는 게 어려워요."

"석사 몇 학기에요?"

"이제 3학기요."

"그러네요. 이제 슬슬 논문 주제 잡고 써야 할 때네요. 그런데 주제 잡는 건 교수님하고 같이 의논하면서 진행하지 않아요?"

"네, 그런데 점점 할 수 없을 것만 같아요."

"자신이 없어요?"

"교수님을 찾아뵙지도 못 했어요."

"원래 논문 미팅이 있는데도 안 갔다는 거죠?"

"네, 계속 미루고 있어요."

"미룬다는 것은 시작하기 어려운 게 있다는 건데 무엇 때문에 그래요?"

"사실은 진짜 못 하겠어요. 정말 못 하겠어요. 실력이 없는 것 같아요. 그런데 교수님이 계속 기대하고 계신 것 같아서 부담돼요."

"교수님이 기대를 많이 하세요?"

"발표할 때마다 칭찬해 주시고, 잘하고 있다고 이야기도 해 주시죠. 그게 다 저한테는 부담으로 느껴져요. 진짜 제대로 된 계획서를 들고 가야 할 것 같아서 아무것도 시작을 못 하겠어요."

"결국엔 잘하고 싶어서 더 못하게 된 거네요."

"네, 너무 불안했어요…. 내가 잘하지 못하는 게…, 나는 진짜 할 수 있는 게 없는 것 같은데…, 그게 들통날까 봐 두려워요."

"그런데 교수님께서 실제로 성현 씨에게 기대가 많다고 하셨어요? 아니면 교수님 기대에 충족시키지 못했을 때 부정적인 피드백을 들은 거예요?"

"교수님께서 직접적으로 이야기해 주신 것은 없는데 그냥 저 혼자 그러는 것 같아요. 동기들이나 선배들도 제 실력이 별거 아니라는 거를 알까 봐 그것도 싫고요."

"왜요? 교수님이나 연구실 사람들이 성현 씨의 한계를 알면 어떻게 할 것 같은데요? 실질적인 피해가 있는 거예요?"

"그런 건 없는데, 다들 속으로 생각하겠죠. '쟤 별거 아니었네'라고요."

"별거 아니면 안 돼요?"

"저는 그런 사람이 되는 게 무서운데요…."

성현은 다른 사람들이 자신에게 높은 기대를 가지고 있다고 생각한다. 그것이 사실일수도 혹은 사실이 아닐 수도 있지만 자신이 뛰어난 능력을 갖고 있지 않으면 사람들이 그를 조롱하고 비난할 것이 분명하다고 생각했다.

어떤 사람들은 '타인이 바라는 나의 모습'과 '내가 바라는 나의 모습'을 혼동한다. 내가 무엇을 원하는지, 어떻게 살아가길 바라는지 명확하게 갈피를 잡지 못한 채 그저 다른 사람이 내게 바라는 바를 충족시키기 위해 열심히 살아간다. 타인의 기대를 충족시키지 못했을 경우, 우리 스스로에게 비난의 목소리를 퍼붓는다. 사실, 그 비난조의 목소리는 내가 만들어 낸 것은 결단코 아니다. 지금은 나의 목소리가 되었지만 이미 그 전에 타인에게 들어 왔던 말들이었고, 안타깝게도 시간이 흐르면서 그것이 곧 내 것이 됐을 뿐이다. 성현 또한 타인의 시선을 과도하게 의식하여 스스로 자유롭지 못했다.

성현은 동기가 꼴보기 싫다고 불편감을 호소했지만 그보다는 '들통날까 봐 두렵다.'라는 말이 더 의미가 있던 말이었다. 학위 논문을 쓰기 위해 기초 작업을 해야 하는데 '잘'하지 못할까 봐 두려워서 막연한 불안감에 상담을 신청했던 것이다. 자신의 부족함을 남에게 들킬까 봐 불안한 성현은 애먼 동기만 붙들고 씨름을 했다.

능력만 있으면 모든 것이
해결된다고 착각하는 당신

애정을 원할 땐 애정을 요구하고

능력을 보여 줘야 할 땐 능력을 보여 줘야 하는데

모든 상황에서 능력으로만 때우려고 하는 건

자신을 일하는 기계로 전락시키는 꼴밖에 안 돼요.

사실. 그렇게 열심히 살지 않아도 돼요.

그렇게 하지 않아도

당신은 충분히 특별하니까요.

충분히 사랑받을 자격이 있는 사람이니까요.

내 말을 믿어 봐요.

특별한 사람이고
싶었어

조금 더 자세한 이야기를 들어 보니 성현의 마음이 이해되기도 했다. 성현은 한 살 터울의 남동생이 있었는데 그 남동생은 어찌나 생글생글 잘 웃는지 어렸을 때부터 부모님의 관심을 독차지 했었다. 첫째라고 해 봤자 성현이 또한 남동생과 고작 한 살밖에 차이나지 않는, 돌봄과 관심이 필요한 어린아이였는데도 성현은 형으로서 남동생은 막내로서의 색깔을 갖추도록 은밀한 압력이 있었다.

두 형제는 똑같은 욕구를 가지고 있는 비슷한 연령대의 아이였는데 부모님의 반응은 많이 달랐다. 아마도 다른 모양새로 다가오는 두 아이에게 다르게 반응할 수밖에 없었던 것 같다. 성현은 무뚝뚝한 아버지에게 다가가는 게 여간 어려운 일이 아니었는데, 남동생은 성현과 다르게 아버지의 성격을 개의치 않으며 스스럼없이 다가가서 애교를 부렸다. 이런 장면을 보고 있는 성현은 내가 가질 수 없고, 할 수 없는 것에 대한 반작용으로 도리어 그 모습을 유치한 것으로 폄하하며 스스로를 위로했다. 어리광 부리는 모습에 대해 부정적으로 바라볼수록 성현은 어린아이다운 면모를 감추고 의젓한 첫째로서의 특성을 갖추려고 노력했다.

어려움이 생겨도 부모에게 도움을 요청하거나 의지하지 않고 혼자 알아서 해결하고, 사람들에게 관심 받기 위해 능동적으로 다가가는 자세를 취하기보다는 오히려 타인의 관심이 자신에게 향할 수 있는 방법을 찾아냈다. 성현이가 찾아낸 방법은 공부를 열심히 해서 성적을 잘 받는 것이었다. 한글을 빨리 익히고 뽐내는 순간에 부모님의 관심이 남동생보다 자신에게 자연스럽게 이동하는 것을 어린 성현도 알 수 있을 정도였다. 남동생처럼 애교를 부리거나 관심 받고 싶다고 직접 이야기하지 않아도 자동적으로 관심을 받는 것이 성현에게는 더 편했다.

딱하게도 성현의 방법은 부모님의 관심을 끌기에는 충분했을지 몰라도 다른 사람들과의 관계에서는 효용가치가 없었다. 자신이 무엇이 필요한지 직접적으로 표현을 해야 얻을 수 있었을 텐데, 어떠한 표현도 하지 않았으니 주변 친구들도 성현이 그들에게 관심이 있다거나 함께 활동을 하고 싶어 한다는 것을 전혀 몰랐을 것이다.

하지만 성현은 친구들에게 관심 없다는 태도를 보여야 했다. 관심과 애정을 구하는 것은 유치한 어린애들이나 하는 거라고 도도하고 세련된 태도로 비웃어야했다. 그래야지만 친구들과 어울리지 못하는 자신이 사회성이 부족한 게 아니라 또래보다 어른스럽고 똑똑한 사람이라서 어울리지 않는 거라고 스스로 위로할 수 있었다.

관심 받고 싶다는 욕구가 있지만 남들이 채워 줄 것 같지 않기에 그런 욕구 자체를 숨겼다. 행여 사람들이 알기라도 하면 성현을 불쌍하게 볼 것이고 그런 상황은 생각만 해도 비참하기 때문에 끝끝내 잘 숨기는 것이 성현의 큰 과제였을 것이다. 이러한 과정을 거쳐 스스로를 특별한 사람으로 여기게 되었다.

가만히 있어도 존재 그 자체로 애정과 관심을 받을 수 있는 관계. 그 관계가 성현의 삶에는 없었다. 대신, 무엇인가 잘했을 때 인정받고 우쭐댈 수 있었다. 그 우쭐함을 맛보았을 때 무언가 충족되는 기분이 들었기에 점차 기능적인 역할에 충실하게 됐다. 자신의 존재 가치를 성적에서 찾게 되었고, 그렇게 점점 자신을 도구화하기 시작했다.

중학교, 고등학교에 올라가면서는 친구를 사귈 생각도 안 했다. 공부를 열심히 해야 좋은 성적을 받을 수 있는데 친구들과 놀거나 시간을 보내면 그만큼 공부할 시간이 줄어들기에 그리할 수 없었다. '친구가 뭐가 중요해, 공부만 잘하면 돼'라고 생각하며 공부에 몰두하고, 쉬는 시간도 아까워서 자리에서 일어나지 않았다. 선생님들도 성현의 이런 모습을 칭찬하였고 다른 학생들도 성현을 본받으라며 반 전체 학생들 앞에서 성현을 칭찬하기에 힘을 쏟았다. 이때마다 성현은 우쭐대는 마음에 들썩거렸다.

"성현 씨가 지금 논문 진행이 잘 안 되는 게 얼마큼 힘들지 이해가 되네요. 이제까지 공부로 인정받으며 살아왔는데 갑자기 그 인정이 사라져 버릴 것 같으니…, 얼마나 불안할까 싶어요."

"네, 내가 아무것도 아니라는 거 다들 알게 될까 봐요."

"구체적으로 어떤 모습이 드러날까 봐 두려운 거예요?"

"내가 전혀 똑똑하지 않다는 거요. 논문도 허접하게 쓰게 되는 거…, 다들 제가 되게 똑똑한 줄 알아요. 학부 때 점수도 좋았고, 동아리도 새롭게 만들어서 회장도 하고, 대외적으로 뭔가 많이 했거든요. 다들 그런 저를 기억하고 있는데 지금은 제대로 된 논문도 하나 쓰지 못하겠으니까… 그게 너무 두려워요. 내가 아무것도 아닌 걸 알게 될까 봐요. 그래서 시작하기가 어려워요"

"어느 정도 수준의 논문을 쓰기를 바라는데요? 어느 정도 되어야 만족할 것 같아요?"

"저도 당연히 학회지에 제출하고 우수 논문상을 타고 싶죠."

"그 동기처럼요?"

"네."

"그럼 그 정도의 논문을 못 쓰면 사람들이 뭐라고 할 것 같아요?"

"'거봐, 너 그럴 줄 알았어. 그렇게 의기양양하더니 너도 별거 없구나.' 뭐 그렇게 이야기할 것 같아요."

"잘하고 싶은 마음은 알겠는데 지금 성현 씨가 너무 힘들잖아요. 그냥 별거 아닌 평범한 사람으로 살아가는 건 안 될까요?"

성현은 질문에 멋쩍은 듯 웃으며 그렇다고 대답했다. 평범한 사람으로 살아가는 것의 두려움은 대체 무엇일까? 그게 무엇이기에 그럴듯한 결과물을 내지 못하는 자신을 비난할 만큼 남들에게 똑똑하고 뛰어난 사람으로 보이고 싶은 걸까? 당신들과 다르게 나는 특별한 사람이라고 구분 짓는 게 그렇게도 중요했던 걸까?

그렇다. 성현은 특별한 사람이 되어야지만 비참함을 면할 수 있었다. 누군가에게 중요한 사람이 되어 본 경험의 부재. 사람이라면 마땅히 받아야 하는 관심의 부재. 성현의 삶에는 그 두 가지가 없었기에 그냥 보통의 사람이 되면 안 됐다. 성현도 다른 사람들과 같은 보통의 사람이라고 인정하게 되면 존재 자체로 사랑 받지 못한 자신은 사랑 받는 그들보다 더 보잘것 없는 사람으로 여겨지게 되기 때문에 그 상황은 더욱 받아들이기 힘들었을 것이다.

게다가 성현은 성적을 잘 받아야지만 어머니로부터 인정받을 수 있는 조건적인 애정을 받아 왔기에 자신의 부족한 모습을 보이면 안 됐다. 낮은 성적은 곧바로 애정 철회의 가능성을 높이기 때문에 항상 조심하고 긴장 속에 지내야 했다. 인정을 애정으로 착각하며, 인정받기 위해 끊임없이 노력한 것이다.

힘들고 어렵겠지만 이제부터 성현은 자신의 현재 모습에 대해 조금씩 알아가게 될 것이다. 이제까지 특별한 줄만 알았던 자신의 능력이 생각보다 별거 아니었다는 거, 혹은 평범한 사람 못지않게 별다른 특별함이 없다는 것을 알아 가는 것이 큰 좌절일 수도 있다. 그 이유는 자신이 특별하지 않다는 것은 모두에게 사랑 받을 수 없다는 것과 자신의 초라한 모습을 받아들여야 한다는 것을 뜻해서 그렇다. 하지만 내 모습을 그대로 드러내 봐야 사회성 떨어져도, 공부 못해도 애정을 받을 수 있다는 경험을 할 수 있게 된다. 그러한 경험만이 인정받기 위해 기계처럼 노력하던 동력을 진정으로 멈추게 할 수 있다.

애정 따윈 유치하고
능력이 중요한 거라고 착각하는 당신

애정을 요구하는 게 유치한가요?

관심 받고자 웃긴 행동을 하거나 허세부리고, 아픈 척하는

그런 사람들이 유치하고 미숙해 보이던가요?

그렇다면

인정받고자 기계처럼 공부하고 일하는 당신은 어떤가요?

당신은 성숙하고 고상한 사람으로 느껴지나요?

당신의 고귀함을 주장하고 싶겠지만

그들과 당신 모두

사랑받고 싶은 마음에서 비롯된 행동입니다.

다만, 겉으로 드러난 양상만 다를 뿐이지요.

그러니 함부로 속단하지 마세요.

내 우월감을 채워 줄
사람이 필요했던 것뿐이야

누군가를 좋아하게 되고 친구가 되고 싶어 하는 데에는 각자 다양한 이유가 있다. 하지만 서로 부족한 부분을 채워 주고 의지하며 기대고 싶은 마음이 들 때도 좀 더 깊은 관계로 진전되기도 한다. 그런데 성현은 자신의 부족한 점을 보여 주지 않기 때문에 다른 사람이 들어올 틈을 주지 않는다.

정작 도움이 필요하거나 잘 모를 때도 그것을 인정하거나 밝히기 창피해서 도움을 요청하지 않는다. 사람들에게 자신의 부족한 점을 보여 주는 것은 마치 전쟁터에 맨몸으로 뛰어드는 것과 같다고 여기기 때문이다. 성현이 바라보는 세상은 경쟁에서 싸워서 이겨야 하는 사람들로 가득 차 있기에 경계하고 날을 세운다.

"인정받고 싶었던 그 마음이 사실은 사람들한테 관심받고 싶었던 거라는 거 인정해요?"

"네."

"미친 듯이 그렇게 공부해도 정작 돌아온 것은 없는데 성현 씨 혼자서 꽤 오랫동안 애써 왔어요. 채워지지도 않는 빈 독을 채우려고 아등바등했던 시간들은 옆에서 듣기만 해도 지치는걸요."

"네, 많이 힘들었어요. 그런데 다른 방법은 생각도 못 해 봤던 것 같아요."

"관심을 받고 싶으면 사람한테 다가가도 되는데, 친구들한테 다가가 볼 생각은 한 번도 안 해 본 거예요?"

"친구들하고 쉬는 시간에 떠들면 공부는 언제 해요. 공부해야 성적이 오르잖아요."

"그러네요. 사람하고 노는 재미를 모르니까 계속 성적에만 연연했겠네요. 사람하고 노는 게 재밌는 사람은 힘든 공부를 그렇게 안 하거든요."

"그런 것도 있지만, 제가 친구들을 유치하게 생각했던 것 같아요. 애들이 뛰어 놀고 장난치는 게 유치해 보이고 저랑 수준이 안 맞는다고 생각했어요. 저는 그 시간에 책을 봤죠. 그래서 같이 어울릴 생각을 안 했어요."

"옆에 가고 싶었지만 어떻게 다가가야 할지 모르겠고, 내 방식대로 다가갔더니 거절당하고. 그게 힘들었던 거 아닌가요?"

"그것도 맞아요."

"그것'도'는 또 뭐예요. 그런 거면 그런 거지. 대답을 애매하게 하네요."

성현의 반응에 웃음이 났다. 짓궂게 장난도 치고 싶었고, 자존심 좀 그만 부리라고 꼬집어 주고 싶기도 했다. 잘난 체하는 그가 얄밉기도 하지만, 그동안 애써 오며 살아온 이야기에 안타까운 마음이 들어 정이 가기도 했다.

"그런데 만약에 내가 성현 씨 친구였다면 성현 씨가 되게 싫었을 것 같아요."

"왜요?"

"얄밉잖아요. 자기 잘났다고 그렇게 자랑을 하고, 칭찬해 주지 않으면 그렇게 불쾌한 거 다 드러내는데 옆 사람이 편하겠어요? 성현 씨한테 맞춰 주지 않으면 불평 듣게 되는데 말이에요."

"그러게요. 제가 생각해도 그럴 것 같아요. 그래서 요즘 많이 느끼게 돼요. 제가 그렇게 특별한 사람이 아니었다는 것을요. 그런데 그게 너무 창피하고…, 지금까지 그렇게 잘난 척하며 살았는데, 똑똑하다는 그거 하나만 믿고 살았는데, 갑자기 좀… 혼란스러운 상태에요. 저는 항상 제 자리가 불안했어요. 그래서 열심히 했던 건데…."

"무슨 말이죠?"

"공부를 잘하지 못하거나 일을 잘하지 못하면, 그 자리에서 나와야 하잖아요."

"어떤 자리요?"

"인정받을 수 있는 자리요. 공부 못하면 인정 못 받잖아요. 저는 인정받는 게 좋았어요."

"누구한테 그렇게 인정받았는데요?"

"부모님이나 선생님이요 그리고 친구들도 시험 때만 되면 몰려왔죠."

"그때 기분이 어땠어요?"

"좋았어요."

"솔직히 사람들이랑 친해지고 싶은 마음이 있어요? 혼자가 더 편안한 거 아니에요?"

"네, 사실은 그래요. 혼자 있는 게 더 좋고 편해요. 친해지려고 하는 건 조금 귀찮기는 해요."

"그렇죠. 성현 씨는 그저 나를 칭찬해 줄 그 누군가만 필요했던 거예요."

"그럼 사람들은 원래 어떻게 관계를 맺는데요?"

"궁금해서 묻는 거예요?"

"아니요."

"칭찬해 줄 대상이 필요했다는 말을 듣고 기분이 어때요?"

"제가 좀… 되게 나쁜 사람이 된 것처럼 들려요."

"나쁘다고 하는 건 아니에요. 다만, 이기적이라는 거죠."

"이기적이라고요?"

"네, 자신이 얼마나 잘났는지 확인받기 위해 사람들을 이용하잖아요. 그게 이기적이라는 거죠."

"저는 그렇게 생각 안 해요. 저만 칭찬받으려고 열심히 한 것은 아니거든요. 예를 들면, 지금 연구실에서 다같이 참여하는 연구가 있는데 그때도 저는 남들보다 진짜 열심히 했어요. 누구도 알아주지 않았는데도 말이에요. 오히려 다른 사람들이 하기 어려운 부분을 제가 나서서 처리하니까 연구실 사람들이 더 좋았을 거예요. 이용한 것을 따지자면 저보다는 오히려 그 사람들이죠. 제 덕분에 편안하게 지냈으면서 고마워하지도 않는 것을 보면요."

"그 어려운 일을 누구를 위해 열심히 했는데요?"

"같이 하는 연구잖아요. 우리 팀을 위해 한거죠."

"성현 씨가 팀을 위해 열심히 한 것인데 연구실 사람들이 성현 씨의 무엇을 이용했다는 거예요? 성현 씨가 팀을 위해 하고 싶어서 한 거잖아요."

"그렇기는 하지만…."

"우리 조금 솔직해지죠. 내가 연구실 사람들을 위해 노력한 거예요? 아니면 내가 칭송받으려고 노력한 거예요?"

"격려도 하고 칭찬도 해 줘야 서로 일하는 맛도 나는 거 아니에요?"

"말은 바로 하자는 거예요. 남들이 성현 씨를 우러러보고 칭찬해 주는 것을 맛보기 위해 열심히 한 거면서 무슨 사람들을 위해 무엇인가 노력했다는 것처럼 말하냐는 거예요."

"네! 맞아요. 저한테 칭찬해 달라고 열심히 한 거예요. 그래서 뭐 어쩌라는 거지요? 어떻게 하라는 건지 모르겠어요…."

"칭찬받고 싶다고 화끈하게 드러내든지, 아니면 인정받고 싶어서 열심히 살던 거 멈추고 진짜 관계 맺어보든지 하자고요."

정말 모르겠다는 표정으로 바라보는 성현은 당황스러워 보였다. 그도 그럴 것이 자신이 바라봤던 세상이 아니라 다른 시각으로 세상을 바라봐야 하는 것은 혼란스러운 일임에 분명하다. 지금까지 살아온 대로 최선을 다하지 말라는 것이 무엇인지. 진짜 관계는 또 무엇인지 모호하고 추상적으로 느껴질 것이다. 관계라는 것이 무엇인지 모르고 그저 열심히 하고 칭찬받으며 자신의 특별함을 과시하는 게 소통의 전부였는데, 진짜 관계에서는 어떻게 소통한다는 건지 막연하게 들렸을 거다.

성현은 관계에서 타인을 도구로서 사용한다. 저 사람이 내게 필요한 것을 줄 수 있는지 아닌지, 활용가치가 있는지 아닌지, 필요 가치로 사람을 평가하는 게 성현에게는 아주 익숙하고 자연스러웠다. 부모님이 공부를 잘할 때만 관심을 쏟았던 것처럼 성현 또한 사람을 존재 자체로 소중하고 특별하게 여기지 않고 자신에게 필요한 것을 충족시켜 줄 때만 좋아했다.

반면, 성현 입장에서 보면 연구실 생활이 힘들었을 것이다. 예전에 통했던 방식이 더 이상 통하지 않으니 얼마나 당혹스러웠을까 싶다. 딴에는 인정받기 위해 열심히 노력했는데 어느 누구도 관심을 주거나 칭찬을 해 주지 않으니 말이다. 기존의 방식이 통하지 않을 땐 바꿔야 할 때가 왔다는 신호이다. 성현도 관심과 사랑을 받기 위해 사용해 왔던 능력발휘라는 그 방식을 바꿔야 할 때가 온 것이다.

칭찬에
목마른 당신

그렇게 뽐내고 싶은가요?

그렇게 당신의 특별함을 과시하고 싶은가요?

인정받고 싶어 하는 그 모습이

멋있기보다 안쓰러워 보입니다.

얼마나 자신감이 없으면

얼마나 자신이 사랑스러운지 모르면

초라해지지 않으려고 그렇게 발버둥을 칠까 싶어서요.

당신의 초라함을 숨기고 우월감을 충족시키기 위해

당신을 혹사시키거나 타인을 이용하는 일을 멈추세요.

능력 없는 당신이 한심해 보이지 않아요.

절대로.

4장

수정의 이야기

4장
수정의 이야기

주인공 '수정'은 서울에 있는 전문대에서 산업디자인을 전공한 27세의 여자다. 현재 일반 기업체의 사무직으로 있고 자영업을 하시는 아버지와 마트직원인 어머니, 대학생인 남동생과 같이 산다.

내세울 것
하나 없는
수정

토요일을 모처럼 쉬는 수정은 여유 있는 시간을 만끽하고 있었다. 주말, 평일 할 것 없이 회사 일로 너무 힘들었는데 이제야 숨통이 트이는 듯 했다.

저녁에 있을 고등학교 친구들 모임이 너무 오랜만이라 나름대로 한껏 멋을 부렸다. 항상 모이던 전철역 중앙 쉼터에 수정이 제일 먼저 도착했는지 다른 친구들은 보이지가 않았다. 약속 시각 5분 전인데 이제야 카톡이 온다.

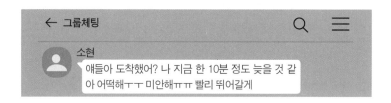

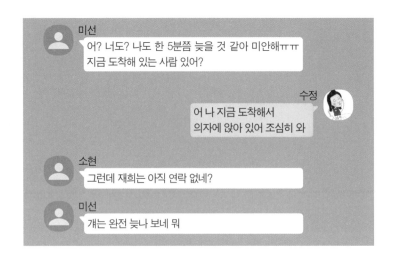

약속 시각 10분이 지나가니 미선이 먼저 도착했다.

"수정아, 나 왔어."

멀리서 걸어오는 미선은 한눈에 봐도 너무 예뻤다. 약간의 웨이브가 들어간 긴 머리에 뽀얀 피부, 동그란 눈에 통통한 볼살이 너무 귀여웠다. 키는 163cm에 팔다리가 늘씬하게 쭉 뻗은 몸매로 뭘 입어도 예쁘지만, 옷 입는 센스도 남달랐다. 오늘은 민트색 캐시미어 롱코트에 안에는 진한 핑크색 앙고라 니트를 입고 밑에는 청바지를 입은 후 단화로 마무리했는데 볼수록 너무 예뻐 보였다. 수정도 나름대로 꾸미고 나왔지만, 미선이 옆에 있을 때는 그나마 있던 자신감마저 더 쪼

그라들었다.

"그래도 생각보다 일찍 왔네."
"응, 그런데 소현이는 아직도 도착 안 했어?
"응."
"이것 봐라. 미쳤네."

미선은 웃으면서 소현이 욕을 했다. 그런 미선을 보며 수정은 뭔가 불편했다. 자신은 늦을까 봐 부랴부랴 오는데 다른 친구들은 시간 약속을 별로 중요하게 생각 안 하는 것 같아서 기분이 상했다. 더 솔직히 말하자면 자신이 기다리고 있는 것에 대해 미안해하지도 않고, 크게 신경을 안 쓰는 것처럼 느껴져서 더 언짢았다. 약속 시각 20분 정도 지나고 나니 소현도 도착했다. 그제야 재희도 답이 왔다.

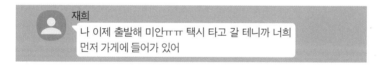

재희
나 이제 출발해 미안ㅠㅠ 택시 타고 갈 테니까 너희 먼저 가게에 들어가 있어

"뭐야. 박재희. 하여간 제멋대로야. 그럼, 우리는 어디로 갈까?"

소현은 자신도 지각했다는 사실을 잊었는지 재희를 나무란다. 그러면서 앞장서서 간다. 언제나 당당해 보이는 소현의 그런 모습이 수정은 부러웠다.

"애들아, 우리 그때 갔던데 가자. 파스타 먹었던 데. 거기 맛있었잖아."

소현은 능글맞게 웃으며 수정과 미선을 양옆에 두고 팔짱을 끼며 앞으로 이끈다.

"그래!"

미선도 좋다는 듯 대답했다. 수정은 따라가고 있지만, 왠지 모를 거리감이 느껴지고 불편한 마음이 든다. 자신만 불편한 마음이 들고 소현과 미선, 둘이는 유쾌한 듯 보여서 더 그렇다. 친구들이 약속 시간에 늦어서 뭔가 불편한 마음이 들지만 그런 작은 일을 쿨하게 넘기지 못하는 자신이 싫기도 했다. 더이상 어떤 말도 하지 못한 채 어정쩡한 자세로 터벅터벅 따라갔다.

"와~ 맛있겠다. 우리 뭐 먹을까?"

역시나 항상 먼저 이끄는 것은 소현이다.

"나는 뭐든 괜찮아. 너네 먹고 싶은 거 골라."

수정은 자신의 불편한 표정이 드러나지는 않았는지, 혹시 그 불편한 표정이 드러나서 친구들이 눈치채지는 않았는지, 신경이 쓰여 오히려 더 위축된 마음이 들었다.

"수정이 너는 뭐 먹고 싶은 거 없어?"
"응, 나는 다 좋아해."
"그래! 알았어. 그럼 피자랑 파스타 1개씩 시켜서 나눠 먹다가 재희 오면 또 더 시키자."
"그래."
"응."

소현과 미선이 원하는 것을 각각 1개씩 골라서 주문을 했다. 음식이 나오기를 기다리는 동안 일상 이야기로 수다를 시작했다. 소현과 미선이 신나게 이야기하는 동안 수정은 수다에 어떻게 껴야 할지 몰라서 애먼 머리카락만 만지작거리다가 그냥 배시시 웃고만 있었다. 장난기 많고 목소리 큰 소현의 말에 그냥 크게 웃거나 미선의 미모와 옷가지를 칭찬할 때는 맞장구치는 정도로 반응하였다.

소현은 말솜씨로 주목받고, 미선은 미모로 주목받는데, 정작 자신은 내놓을 만한 것이 없었다. 친구들과 함께 있는 시간이 길어질수록 수정은 점점 더 작아지는 자신을 발견한다.

"우리 밥 다 먹었는데 재희는 아직이네. 수정아 전화해 봐."
"응."

소현의 말에 수정은 휴대전화를 꺼내서 재희에게 전화를 건다.

"전화 안 받아?"
"응."
"얘 또 다른 데로 샜나 보다. 다음에는 재희는 빼고 만나자 야."

화가 난 목소리로 소현이가 이야기한다.

"그럼 우리 차 마시러 가자."

역시나 소현이 이끄는 대로 따라간다. 수정이 생각하기에 미선은 그런대로 자기주장을 하는 것 같았지만, 자신은 어떤 이야기나 주장도 못 하는 바보 같아 보였다. 자신도 아주 가끔 불편한 것이나 하고 싶은 것을 표현하기는 하지만 소현과 미선에게 별다른 영향을 미치지 않는 것 같았고, 그들이 중요하게 듣는 것 같지도 않았다.

차를 마시러 가서도 소현과 미선의 이야기는 끊이지 않는다. 이번에는 미선의 남자 이야기가 주를 이뤘다. 미선은 남자친구들한테 인기가 많았다. 주위에 남자들이 많았고 그중 몇 명에게 동시에 고백을 받기도 했다. 평일에도 연락 오는 친구들이 많아서 미선은 밀려 있는 약속들 때문에 항상 바빴다. 그런 미선을 소현은 부러워했다. 하지만 소현도 미선 못지않게 친구들에게 인기가 많았다. 반면 수정은 대학 졸업 후 동기 전체 모임이 아닌 이상 소수로 만나는 경우가 거의 없었다. 수정이 적극적으로 끼지 못하는 것도 있지만 그렇다고 동기들도 수정을 특별히 챙기거나 찾지 않았다.

수정은 집에 돌아오는 동안 우울해졌다. 친구들을 만나서 더 우울해졌다. 자기 스스로 매력이 없는 사람이라고 여겨지고 초라해 보였기 때문이다. 그냥 소현과 미선이 너무 부러웠다. 정말 부러웠다. 수정은 무엇 하나 내세울 만한 게 없었다. 소현이네 집처럼 집이 부자인 것도 아니고, 미선이처럼 외모가 남부러울 만큼 예쁜 것도 아니고, 그렇다고 공부를 잘하는 것도 아니고, 부모님께 사랑을 듬뿍 받으며 밝은 아이처럼 자라 온 것도 아니었다.

다른 사람들에게 매력적으로 보일 만한 장점이나 자원이 없다고 생각했다. 특별하지도 않고 평범하지도 않은, 오히려 모든 면이 레벨 하에 속하는 부류라고 생각했다. 그렇다고 자신이 생각하는 부류에 속하는 사람들과 친구하고 싶은 마음도 없었다. 침울한 사람들끼리 모여 봤자 더 부정적인 이야기들만 할 것이고, 서로에게 득이 될 것이 전혀 없을 것으로 생각했기 때문이다. 그리고 조금이라도 빛나 보이는 사람 옆에 있어야 나도 잘난 사람이 된 것처럼 느껴져서 더 그러했다.

나도 내가
무슨 감정인지 모르겠어

"요즘에 의욕이 없고 자신이 없어요. 아마 제가 생각하기에는 자존감이 낮아서 그런 것 같아요."

첫 만남에서 수정은 한마디, 한마디 어렵게 이야기했다.

"조금 더 구체적으로 이야기해 줄 수 있어요?"

"음… 친구가 없는 건 아니거든요…, 음… 뭐라고 할까. 친구들이 저를 특별히 소외시키거나 걔네가 싫은 건 아닌데 저 혼자만 겉도는 것 같고 끼어드는 게 어려워요."

"예를 들면요?"

"친구들하고 주말에 만났는데, 그냥 이런저런 이야기를 하는데, 그때 저는 그냥 가만히 있었어요. 어떻게 말을 해야 할지 모르겠어요…."

시선도 맞추지 못하고 작은 목소리로 우물쭈물 이야기하는 수정의 모습에서 자신감 없고 위축된 모습이 역력해 보였다. 그 모습을 보면 여기가 아니더라도 누구에게나 자기 생각을 이야기하기 힘들 것 같았다. 행여 자기주장을 펼친다 한들 누구도 수정의 말을 중요하게 들을 것 같지도 않았다. 그만큼 목소리나 몸짓에 힘이 없었다. 어떤 연유로 해서 이렇게까지 고개를 숙이며 살아왔는지 그것이 한편으로는 걱정되기도 하고 안쓰러워 보이기도 했다.

"무슨 이야기를 나눴는데요? 수정 씨가 잘 모르는 이야기였어요?"

"아니요, 그냥 회사 이야기랑 거기서 만난 사람들 이야기, 그리고 뭐 그냥 남자 이야기, 그런 것들이었어요, 그냥 일상적인 이야기요. 그런데도 저는 조금 어렵더라고요."

"어렵다니 그게 무슨 말이에요?"

"사람들이 이야기 할 때 생각이 많아지고 복잡해져요."

"친구들 대화 들으면서 혼자서 무슨 생각을 했어요?"

"그냥 '좋겠다. 부럽다' 이런 생각이요."

"어떤 게 부러웠어요?"

"걔네들은 사람들한테 인기가 많은데… 그게 제일 부러워요. 저는 그렇게 친한 사람이 없어요. 회사에서 동기들하고 있을 때도 그렇고 친구들하고 있을 때도 저 혼자 따로 있는 것 같아요."

"혼자 따로 있다는 게 어떤 거예요?"

"그냥, 잘 모르겠어요. 그냥 같이 있어도 외로워요."

"그럼 상담을 통해 도움을 받고 싶은 게 구체적으로 어떤 거예요?"

"저도 사람들하고 있을 때 편안하게 이야기하고 싶어요."

"편안하게 이야기 못 하는 게 생각이 많아져서 그렇다는 거죠?"

"네."

"부럽다는 생각 말고 또 어떤 생각을 해요?"

"어떤 말을 해야 하나 고민되고, 자연스럽게 어울리지 못할까 봐

항상 걱정이에요. 그리고 긴장하고 있는 게 티날까 봐, 그것도 걱정
이에요."

"어떤 말을 해야 하나 고민되는 이유는요?"

"이 말이 적절한가…, 도움이 되는 이야기인가…, 이렇게 말하면 어
떨까? 저렇게 말하면 어떨까? 어떤 결과가 나올까? 그러다 보면 최악
의 상황을 예상하기도 하고, 그런 생각들을 계속하다 보니까 타이밍
을 놓치게 되는 것 같아요."

수정은 자기 생각이나 감정들을 편안하게 이야기하지 못하고 다른
사람에게 어떻게 비칠까, 다른 사람이 어떤 반응을 할까, 고민하다 보
니 자유롭게 대화 나누는 것이 어려웠다. 수정처럼 생각이 많아서 할
말을 제때 하지 못하는 사람들은 타인에게 내가 원하는 모습을 보여
주고 싶기에 그렇다. 누군가는 착하고 친절한 사람으로 보이고 싶고,
또 누군가는 똑똑한 사람이라고 평가받고 싶어서 말을 고르고 또 고
르는 것이다. 그렇게 우리는 보이기 싫은 모습을 감추기 위해, 혹은
원하는 모습으로 보이길 바라는 마음에 선뜻 입을 열지 못한다.

"어떻게 보일까 봐 걱정되는 거예요?"

"모르겠어요, 그냥 맥락에 맞게 이야기하고 싶은 건데."

"최근에 맥락에 안 맞게 이야기한 적이 있어요?"

"그런 건 구체적으로 기억이 안 나요."

"그럼 맥락에 안 맞거나, 딴소리하는 게 어떻기에 그래요? 친구들이 뭐라고 할 것 같은데요?"

"이상하게 볼 것 같아요. 그냥 좀 눈치 없는 사람이라고 할까 봐서요."

"눈치 좀 없는 게 뭐가 어때서요? 그렇게 보이는 게 왜 싫은 거예요?"

"그럼 좀…, 무시 받게 되지 않아요?"

"무시 받지 않으려면 할 말을 당당하게 더 해야죠. 눈치보지 말고, 기분 나쁘면 기분 나쁘다 말하고."

"아니요. 기분 나쁜 것도 제대로 말 못 해요. 뭐… 그날 친구들 만났을 때 친구들이 약속시간 보다 늦었는데도 그다지 미안해 하지 않는 거예요. 그래서 제가 기분이 좋지 않았던 것 같아요. 그래서 혼자 뭔가 불편해서 아무 말도 못 하고 조용히 있었던 것 같기도 해요…."

"늦지 좀 마! 그 한마디를 못 했던 거예요?"

갑자기 빨개진 눈에 눈물이 글썽거리기 시작했다.

"그렇게 말해도 된다는 것을 몰랐어요. 기분 상하지 않게 해야 한다는 것만 있었지."

'다음부터 늦지마!'라고 말하는 것은 약속시간에 늦었을 때 기본적으로 할 수 있는 반응이었지만, 그조차 수정에게는 생소했다. 수정은 타인의 기분만 살피느라 자신의 기분이나 상태는 전혀 고려하지 않고 살아왔다. 이런 상황은 비단 수정에게만 있는 일이 아니다. 내 욕구와 감정보다는 타인의 감정을 더 우선시했던 경험은 누구에게나 있을 법한 일이다. 경우에 따라 타인의 감정을 더 존중해야 할 때도 있다. 하지만 내 감정을 보잘것없는 것으로 여기고 옆으로 제쳐둔다면 그때부터 문제가 생기는 것이다.

"그런데 정말 몰랐어요. 제가 그 상황에서 어떤 기분이었는지, 그냥 '뭔가 이상하다?'는 느낌만 있었어요. 이 느낌을 말로 설명하기 어려운데…."

"당연히 어려울 것 같아요. 이제껏 수정 씨 마음에서 느껴지는 감정들에 이름을 붙여 주지 않았잖아요."

남에게 싫은 소리
한마디를 못하는 당신

남에게 싫은 소리를 한마디도 못하는 당신은
오히려 남에게 싫은 소리를 한마디도 못 듣는 사람입니다.

누군가 나에게 싫은 소리를 하면
내 속이 좁아서
쉽게 위축되고 속으로 노여워하게 되지요.
그 노여움도 표현을 못 하니 혼자서 속앓이만 하게 되고요.
그래서 차라리 안 하고, 안 듣기로 선택한 겁니다.

다른 사람이 기분 상할까 봐 싫은 소리 안 한다고 하지만
사실은 나 자신이 속 좁은 사람이라 싫은 소리를 못 하는 거예요.

표리부동하지만 그게 바로 당신입니다.

나는 항상
뒤로 밀려요

누나는 누나답게 행동해야지

자신의 감정을 인식하는 것조차 어려워하는 수정을 보면 중요한 사람에게 자신의 감정이나 생각을 존중받았던 경험이 없었다는 것을 알 수 있다. 감정이나 욕구는 마음에서 자동적으로 일어나는 것이라 내 의지대로 되는 게 아니다. 맞고 틀리고의 정답이 있는 것도 아니다. 그런데 간혹 아이들이 느끼는 감정에 대해 부모들이 부정적으로 반응을 하거나 나쁜 것이라고 지나치게 억제시키거나 무시하는 경우가 있다. 그럴 때 아이들은 자기 내적으로 자연스럽게 생겨난 감정이나 욕구에 대해 확신을 갖지 못한 채 표현하기를 주저하게 된다.

"어느 누구한테도 수정 씨가 불편해 하는 것을 한 번도 말해 본 적이 없다고요? 놀랍네요. 형제가 어떻게 된다고 했죠?"

"남동생 한 명 있어요."

"그럼 부모님이나 남동생한테도 짜증내거나 화내 본 적이 없나요?"

"남동생한테는 짜증을 내기도 하는데…, 부모님한테는 그렇게 얘기해 본 적은 별로 없는 것 같아요."

"부모님이 무서운 편이에요?"

"아버지는 좀 욱하는 편인데, 언제 화낼지 모르니까 어렸을 때는 많이 무서워했죠. 그런데 엄마는 무섭기보다는 너무 이성적이에요. 제가 힘들다고 이야기하면 제가 고쳐야 하는 부분을 지적하시죠. 그래서 말하기가 싫어요."

"남동생도 부모님께 표현을 잘 안 하는 편인가요?"

"아니요, 동생은 자기 하고 싶은 대로 하는 편이에요. 저한테도 그렇고, 자기감정을 다 쏟아부어요."

"남동생이랑 수정 씨가 부모님에게 대하는 태도가 꽤 다르네요?"

"네, 동생한테는 아버지도 좀 너그러운 편이에요. 엄마도 동생이 힘들다고 말하는 건 다 들어주는 편이고요. 그게 좀 부럽기도 하고, 억울하기도 하고…, 걔는 진짜 하고 싶은 거 다 하면서 살거든요."

수정은 부모님으로부터 지지를 받거나 이해를 받아 본 적이 없다고 한다. 오히려 남동생을 편애하는 환경 속에서 딸로 태어난 것을 억울해하며 열등감을 느끼면서 자랐다고 표현한다. 남동생은 막내라는 이유로, 남자라는 이유로, 부모님에게 귀염을 받는다고 생각하고 있었다. 그에 반해 수정은 부모님에게 사랑받을 만한 구석이 없다고 여기며 자신이 부모였어도 남동생을 편애할 수밖에 없다고 스스로 인정했다.

그런 말을 할 때 수정 씨의 표정은 마치 오묘한 맛의 음식을 먹었을 때와 비슷했다. 기쁜 표정도 슬픈 표정도 아닌 혼란스러운 표정이었다. 수정 스스로도 그 상황이 서운하고 억울하지만 그 감정을 느끼지 않기 위해 머리로만 애써 이해하고 있는 듯했다. 이지화Intellectualization를 통해 그 상황을 머리로 이해해 버리는 것이 훨씬 편했을 것이다. 하지만 그 안에 남아 있던 감정은 사라지지 않아서 오히려 이도저도 아닌 상태로 더 불편하게 됐다.

수정은 남동생을 부러워하고 질투하는 마음은 표현할 수가 없었다고 한다. 그런 마음을 조금이라도 표현하려고 하면 부모님께서는 '누나가 돼서 양보도 안 하고 욕심쟁이'라고 하거나 '동생 질투하는 속 좁은 누나'라고 나무라는 이야기를 많이 했다고 한다. 이런 말들은 첫째로서 자연스럽게 느낄 법한 감정들에 대해 수치스럽게 여기게끔 만들었고 동생에게 느끼는 시기심이나 부러움을 표현하지 못하게 했다. 게다가 부정적인 감정이나 욕구를 드러내지 않으니 착한 아이라는 수식어가 따라붙었고, 그러면 그럴수록 아이다운 응석도 부리지 못한 채 도리어 위축되어 숨죽여 지낼 수밖에 없었다고 말했다.

내 감정이나 욕구가 당연하다며 인정해 주고, 그렇게 느낄 수 있다고 수용 받을 때 내 안에 느껴지는 것들에 대한 확신을 가질 수 있다. 수정은 이미 내 안에 있는 모든 것을 나쁜 것, 부정적인 것이라고 여겼기에 밖에 나가서도 어느 누구에게도 표현하거나 공유할 수 없었다. 내 안에 있는 어느 것 하나 오픈하지 못한 채 심리적으로 점차 고립되어 갔다. 그 좁은 공간에 숨어 지냈던 수정은 자신에 대한 부정적인 느낌을 지울 수도 없었고, 오히려 부정적인 자기 인식에 힘을 보태 줄 근거들만 더욱 축적시키는 확증 편향confirmation bias을 하며 살아왔던 것이다.

스스로를
점차 고립시키는 당신

비겁하거나 이기적인, 혹은 질투하고 시기하는 모습
그 모습들을 내 속에서 보기도 합니다.

그것들을 누군가와 공유하지 못한 채
나만 갖고 있는 나쁜 거라고 생각한다면
나만의 치부라고 생각하고 스스로를 부끄럽게 여기게 돼요.

치부가 있는 나는 어느 누구에게도 다가가지 못한 채
스스로 고립하게 되지요.
그러나 당신이 나쁜 것이라고 칭한 그 모습들은
남들도 모두 갖고 있습니다.

남들과 그것을 나눌 때
충분히 그럴 수 있다는 자기 확신을 갖게 됩니다.

나는 착한 사람이
아니에요

수정이 느끼는 결핍감은 비단 남동생에게 빼앗긴 부모님의 애정만이 아니었다. 거기에 더해 중학교에 들어갈 즈음엔 가정 형편이 어려워졌고 부모님의 갈등도 많아졌다. 궁핍과 부모님의 불화는 수정이 기댈 만한 버팀목이 하나도 없는 것처럼 느끼게 했다.

대학에 입학하고 난 후에는 똑똑한 동기들, 외적으로 돋보이는 동기들, 그리고 부유함을 상징하는 다양한 문화생활 경험이 있는 동기들에게 쪼그라들 수밖에 없었다. 게다가 여자 동기들은 대학생이 되면서 용돈으로 화장품도 사고 예쁜 옷도 사며 한껏 치장하기에 바빴지만, 수정은 부모님께 차비와 식비에 해당하는 용돈을 받는 것조차 죄송스러워서 다른 여유를 부릴 수 없었다. 게다가 남동생에게는 아버지가 몰래 용돈도 주는 눈치지만, 수정에게는 그러한 혜택조차 없었다. 그렇게 대학을 졸업한 후, 회사에 취직해서 경제 활동을 하고 있지만, 학자금 대출을 갚느라 정신이 없다.

이래저래 수정은 스스로 이렇다 하고 내놓을 만한 자랑거리가 없었다. 안 그래도 없는 자신감은 점차 시간이 지날수록 더 바닥났고, 여러 면에서 느끼게 되는 위축감과 열등감은 친구들과 편안하게 이야기를 할 수 없고 눈치만 보게끔 했다.

수정은 스스로의 가치를 낮추고 초라한 사람이 되어 가고 있었다. 자신을 낮추는 자세는 자신도 모르게 점차 더 자신감 없는 사람으로 전락하게 했다. 스스로가 어떤 모습이 부족하다고 여겼는지, 사람들 앞에서 초라하고 비참하게 느꼈던 부분은 무엇이었는지, 하나씩 이야기를 풀어 갔다. 부러운 것도 많고, 질투도 많고, 그만큼 서럽고, 억울했던 마음도 컸던 수정은 이제까지 꾹꾹 눌러 담아 왔던 것들이 많았던 모양이다. 누구하나 들어주지 않으니 표현하지 못한 게 당연하다. 그래서 그런지 수정은 입을 떼기 시작하자 거침없이 이야기를 쏟아 냈다.

"서러웠던 일들이 많았나 봐요. 아까 처음에 들어와서 주뼛거리던 사람이 맞나 싶을 정도로 다르게 보여요."

수정은 머쓱한지 웃음을 지었다.

"네, 아무래도 밖에서는 말을 하고 싶어도 잘 못하니까 그런 것 같아요. 집에서도 그렇고요."
"그래요. 그런데 이야기를 들어보니 지금까지 꽁하고 있었던 게 많네요. 그때마다 표현 안 하고 꽁하고 있으니까 사람들하고 거리감이 생길 수밖에 없잖아요. 내가 저 사람한테 마음이 토라져 있는데 어떻게 친하다고 느낄 수가 있겠어요. 안 그래요? 사람들하고 있을 때 혼자 있는 것처럼 느껴지는 게 그 꽁한 마음 때문에 생기는 거예요. 그때 주말에도 친구들이 지각해서 기분 나쁜데도 한마디 못하고 혼자 꽁하고 있으니까 심적으로 거리감을 느꼈던 거예요."

"네…."

"한 편으로는 수정 씨가 꽁해 있는데도 착하다고 칭찬받았다니 신기하기도 하고 속상하기도 하네요."

"왜 속상해요?"

"아이들이 소심하게 삐쳐 있으면 누가 봐도 티가 나서 아이의 속상한 마음을 알아줄 수밖에 없거든요. 그런데 수정 씨가 꽁하고 토라져 있는 것을 아무도 챙겨 주지 않았다니 다들 너무 무심한 것 같기도 하고, 진짜 외로웠을 것 같다는 생각도 들어서 속상해요."

"그러게요. 밖에서도 외로운데, 집에서도 가족들 사이에 끼지 못하고 소외감을 느끼게 되니까 더 외로웠어요."

"그랬을 것 같아요. 그래서 그렇게도 착하게 굴었나 봐요. 착하다고 칭찬받을 땐 관심이 나에게 쏠린다고 느끼게 되니까."

"그랬던 것 같아요."

우리는 자연스럽게 관심을 받지 못하면 인위적으로 관심을 끌어내기 위해 새로운 대안을 찾게 된다. 수정이 들어온 칭찬거리가 '착함'이었기 때문에 수정은 그 특성이라도 붙들고 사람들 앞에 나서야 했다. 사람들과 어울리기 위해 점점 더 착해져야 했고, 그럴수록 할 말을 더 못하게 됐고, 그럴수록 속은 더 문드러졌다. 아픈 것을 아프다고 말하지 못하니 우울하고 무기력해질 수밖에 없던 것이다.

자기주장을 하지 않아
착한 사람으로 불리는 당신

자유롭게 자기주장 하는 사람이 멋져 보이죠?
그 사람의 당당함과 자신감이 마냥 부럽기도 하겠죠.

그 사람은 자신감이 있어서 당당하게 자기주장을 하는 게 아니에요.
자기주장을 하니까 자신감이 생기는 거죠.

지금부터라도 내 안에서 자연스럽게 발생하는
생각이나 감정, 욕구들을 하나씩 표현해 봐요.
그 뒤에 자신감도 하나씩 따라붙을 거니까요.

엄마, 아빠가
창피해요

수정은 부모님이 가진 경제력과 직업, 그리고 양육 방식 등 모든 것이 다른 부모들에 비해 현저하게 뒤떨어지는 것처럼 느껴졌다. 자신의 부족한 점을 채워 줄 수도 없는, 그토록 부족한 부모가 탐탁잖고 짜증났다.

"진짜 너무 창피했어요…. 중학교 때는 길거리에서 그렇게 마구잡이로 싸워 대는데…, 동네 사람들이 볼까 봐 가슴 졸이고, 싸우는 소리 들으면 누구네 집이라고 다들 알 텐데, 누구라도 알면 어쩌나 걱정도 많이 했어요…."

"흠…. 진짜 마음 졸였겠네요. 특히 중학생 때는 주변 시선에도 신경을 많이 쓰는 나이였을 텐데…. 부모님이 바깥에서 싸우고 있을 때 사람들이 어떻게 볼지 걱정되고, 그들의 시선이 신경 쓰여서 힘들었을 것 같아요."

"정말 창피해서 어쩔 줄 몰랐죠. 주변 친구들의 부모님은 우아하고 교양이 넘치는 것 같은데, 내 부모는 왜 이정도 수준밖에 안되나…. 그런 생각이 가득했어요."

"그래요. 내가 수정 씨였어도 속상하고 힘들었을 것 같아요. 그런데 수정 씨가 사람들 앞에서 위축되서 말 한마디 못 하는 것하고 부모님의 그 '수준'하고 무슨 상관이 있는 거예요?"

"우리 집은 너무 가난했잖아요. 그것 때문에 부모님 사이도 안 좋았고요…. 그렇다고 부모님 직업이 좋은 것도 아니고요."

"그런데 그게 어떤 문제가 되는 건데요? 부모님이 수정 씨 인생에 큰 흠이라도 된다는 거예요?"

"어느 정도는요."

우리 모두 굴곡 많은 성장사 때문에 울퉁불퉁한 모습을 갖고 있다. 어렸을 때 부모의 영향력은 절대적이라고 할 수 있지만 성인 되어서는 말이 달라진다. 다 큰 성인이라면 자신의 부족한 점을 알게 되었을 때 주체적이고 능동적인 노력을 통해 변화를 꾀해야 한다. 하지만 그 노력이 버겁고 귀찮을 땐 아주 당연하게 과거의 어떤 경험으로 인해 이 모양 이 꼴이라며 핑계를 댄다. 핑계거리 중 제일 만만한 대상이 부모인데 그럴 때는 거기에 동조하고 안주하기보다는 과거로 핑계를 돌리는 내담자를 현실과 직면시켜야 한다.

"지금에 와서 부모의 과오를 탓하면 얻을 게 뭐가 있을까요?"

"그런 건 없지만 조금 원망스럽기는 해요."

"부모가 조금 더 교양 있고, 더 많이 배우고, 더 많이 가졌다면 수정 씨가 더 당당하고 떳떳했을 것 같아요? 할 말도 제때 하고요?"

"돈이 조금 더 있었으면 사람들 앞에서 조금은 당당했을 것 같아요. 돈 걱정 안 하고 친구들하고 쇼핑도 하고, 해외여행도 갈 수 있잖아요. 친구들은 전부 가는데 저만 이 핑계, 저 핑계 대면서 못 갔단 말이에요. 그것도 되게 소외감 느끼게 한다고요. 여행 다녀와서 만나면 저는 할 말이 없으니까 가만히 있게 되잖아요."

"밖에서 할 소리 못하고 위축되고 자신감 없는 이유가 부모님이 가난해서 그렇다고요?"

"네…."

"당당한 모습으로 자신을 변화시키기 위해 수정 씨 스스로 노력할 수 있는 건 없는 거예요? 어린아이라면 당연히 이해하지만, 다 큰 성인이 돼서도 그 자리에서 옴짝달싹 못하고 부모님 핑계만 대는 게 비겁해 보여요."

"당당하게 말을 못 해 봐서 그런 것도 있잖아요. 다들 나한테 착한 것만 강요했어요. 제가 마음에 안 드는 거 얘기만 해도 말 못하게 하고. 제가 그런 환경에서 자랐으니까 위축되서 그런 거 아니에요?"

"부모님 영향이 전혀 없다는 게 아니에요. 다만, 아이의 입장에서 바라는 완벽한 부모를 요구하니까 하는 말이에요. 수정 씨도 밖에 나가서 한마디 하는 것을 그렇게 어려워하면서 부모한테는 바라는 게 뭐가 그렇게 많은지 모르겠어요."

"…."

"부모님은 본인들 어렸을 때 제대로 양육 받고 자랐을 것 같아요?"

"그런 건 아니에요…. 저희 엄마도 큰딸이라서 할머니, 할아버지가 되게 엄하게 키우셨다고 했어요. 할머니, 할아버지가 밭일 하시느라 바빠서 엄마가 동생들을 부모처럼 키웠다고 하셨어요. 엄마 말로는 초등학생 때부터 집안일 하느라 학교도 많이 빠졌다고 했어요. 그래서 배움에 대한 부족함도 많이 느끼시고요."

"잘 알고 있네요. 수정 씨네 부모님도 절대로 완벽한 양육을 제공받지 못했고, 부모로서 어떻게 해야 할지 잘 몰랐을 거예요. 그래서 어린 수정 씨가 상처도 많이 받고 할 소리도 제때 못하고 살아왔겠죠. 그런데 이제는 나도 성인이니까 그런 부모님을 이해하고 내 삶은 다르게 살기 위해 내가 노력해야죠. 안 그래요?"

허점이 많고 부족한 것밖에 없다고 생각하는 수정은 남에게 자신의 약점이 들키지 않게 노력해야만 했다. 그러기 위해 상황을 여러모로 살피고, 자신을 어느 정도로 드러내도 되는지 끊임없이 검열했다. 그래서 말 한마디 꺼내는 게 그렇게도 힘들었다.

점차 바깥 생활이 힘들어지자 그 탓을 부모에게 돌렸다. 부모가 돈이 좀 더 많았으면, 부모가 좀 더 학벌이 좋았으면, 부모가 좀 더 지위가 높았으면 자신의 상황이 달랐을 것 같다는 착각에 부모를 원망하며 무시했다. 하지만 부모를 창피해하고 무시하면 할수록 우리는 더 깊은 늪에 빠지게 된다. 부족함이 많은 부모라서 내가 밖에 나가서 기를 못편다고 열을 내지만, 사실 그 틀은 내가 만들어 낸 것이다. 나의 부모를 다른 부모들과 비교해 가며 평가하고, 내 부모의 부족한 점만 두드러지게 보게 된다. 부모를 무시하고 창피해 하며 그들의 자식이 아니길 바란다. 부족한 부모 밑에서 자란 나를, 남들 또한 부족하게 볼 거라며 스스로 알아서 위축된다.

하지만 이는 잘못된 판단, 잘못된 생각이다. 부모는 부모이고 나는 나이다. 조선시대 양반이나 천민처럼 양반자식은 양반, 천민자식은 천민이 아니다. 부모의 영향으로 다소 편향된 양육을 받았던 지금의 나는, 그와 별개로 내 삶을 새롭게 꾸려 나갈 수 있다. 이제는 부모 탓을 하며 과거에 얽매여 있을 때가 아니라 변화를 위해 앞으로 나아갈 방법을 강구할 때이다.

그와 더불어 나의 부모가 부족한 면을 지닐 수밖에 없었던 그들만의 이유를 들어 보고 그들을 이해해 보려고 노력하는 것도 필요하다. 그러한 노력은 나와 또 다른 누군가의 부족한 면을 있는 그대로 수용해 줄 수 있는 시선을 키워 주기 때문이다.

부모를
창피해 하는 당신

나를 이렇게 키운 부모가 원망스러운가요?

돈, 명예, 지식 등 한없이 부족해 보이는 부모가 한심한가요?

완벽한 부모이기를 바라는 당신은 완벽한 자녀였습니까?

부모도 똑같은 사람입니다.

20대에 결혼을 하고 30대에 부모가 되어

좌충우돌할 수밖에 없었던 지극히 부족한 사람이에요.

부모를 탓하며 그 자리에 머무르지 말고

성인이 된 당신이 주체적인 존재가 되었으면 합니다.

부모 때문에 위축됐다고 탓하지 말고

과거의 틀에서 벗어나기 위해 나 스스로 노력해 봐요.

좋으면 좋다! 싫으면 싫다! 당당하게 말하고 삽시다!

나 혼자서는
아무것도 할 수가 없어
시키는 대로 할게

5장
은희의 이야기

주인공 '은희'는 서울에서 전문대 경영학과를 다
니는 25세 여자이다. 자영업을 하시는 아버지와 은
행원인 어머니, 군 입대 중인 남동생과 대학생 여동생
이 있다.

자신의 인생을
타인에게 떠넘기는
은희

은희가 대학교 3학년을 마치고 휴학을 한 지도 벌써 여러 날이 흘렀다. 학교 동아리에서 간사일을 하면서 사람들과 부딪히는 것도 싫었지만, 1년 뒤면 졸업인데 졸업 후에 무엇을 할지, 하고 싶은 일은 무엇인지 막막하기만 했다. 특별히 스펙을 쌓아 놓은 것도 아니라서 은희는 우선 휴학을 했다. 졸업반에 이 상태로 가는 게 무섭기도 했다. 하지만 가장 큰 이유는 남자친구 민준이 휴학했기 때문이다. 민준이 없이 수업을 듣거나 사람들과 어울리는 것이 힘들어 은희도 엉겁결에 휴학 신청서를 내버린 것이다.

별다른 계획이 없는 휴학이라 은희는 아무 일도 하지 않고, 침대 밖으로 나올 생각도 없었다. '뭔가 해야겠는데…. 이러고 있으면 안 되는데…. 몸이 움직이질 않아…. 그냥 너무 무기력해…. 왜 이러지….

아무것도 못 하겠어' 반복적으로 머릿속에서만 맴돌 뿐 움직이지 않았다.

그래서 은희와 부모님과의 신경전으로 밤낮으로 집안이 시끄럽다. 아침에는 엄마와 전쟁이 일어난다. 늦게까지 자는 은희를 보고 있는 엄마는 속에서 울화통이 터지는 것 같았다. 졸업도, 취업도 신경쓰지 않는 은희를 보며 답답해 하였다. 아무리 화를 내도 그때뿐, 행동의 변화는 눈곱만큼도 일어나지 않았다. 아침식사 중 들고 있던 그릇을 식탁에 내려놓으며 한숨을 크게 내쉬었다.

"야!!! 이은희! 뭐하는 거야. 빨리 안 일어나? 지금 시간이 몇 시야? 너는 뭐가 그렇게 태평하냐? 남들처럼 돈을 벌어 와, 아니면 휴학하고 스펙 쌓는다고 밤새 고생을 해, 대체 네가 하는 게 뭐야? 밥만 축내고 있고 말이야. 뭐라도 좀 하라고! 가서 아르바이트라도 하든지!!!"

역시나 은희는 꿈쩍도 않았다. 주방 옆에 바로 붙어 있는 은희의 방에서는 아무 소리도 들리지 않았다.

"야! 이은희. 너 엄마 말 안 들려?"
"아, 왜 또 그래."
"빨리 안 일어나?!!!"

엄마는 고래고래 소리 지르며 핏대 세웠다.

"아침부터 기분 나쁘게 왜 소리를 지르고 그래!!!!"

은희까지 덩달아 소리를 지르기 시작했다.

"나보고 뭐 어쩌라고! 내가 뭐 어쨌는데! 내가 할 수 있는 게 뭔데! 다 엄마가 시키는 대로 했잖아!! 이때까지 하라는 대로 했는데 왜! 내가 뭐!! 나한테 왜 그러는 건데!! 엄마가 나를 이렇게 망가뜨려 놓고선 인제 와서 왜 그러는 건데!!!"
"뭐라고? 지가 안 하는 건 생각 안 하고 꼭 엄마 핑계를 대지. 아주 그냥 잘났어. 엄마 없었으면 핑계 댈 사람 없어서 어쩔 뻔했냐!!!"

찰싹! 은희 방으로 들어온 엄마는 은희의 등짝을 아주 힘껏 후려 쳤다.

"왜그래! 아이씨… 어쩌라고! 내가 뭐 안 하고 싶어서 아무것도 안 하는 줄 알아? 힘이 없다고! 무기력하다고!"

은희는 침대에서 일어나 억울한 듯 소리를 지르며 목 놓아 울기 시작했다. 엄마는 은희를 한참 째려보더니 다시 거실로 나가 버렸다. 밖에서는 가족들이 아무렇지도 않게 밥을 먹는 소리가 난다. 은희는 그 순간 더 외로워지고 소외감을 느꼈다. 공허하고 내쳐진 느낌에 슬픈 감정이 더 크게 올라왔다. 하지만 가족들의 웃음소리에 은희의 울음소리는 점점 잦아들기 시작했다. 은희는 그 상태 그대로 멍하니 앞만 바라보았다.

무력하고
너무 힘들어요

은희의 첫인상은 하얗고 깨끗한 피부에 동글한 얼굴 생김새가 언뜻 봐도 귀여운 고등학생 같았다.

"그냥 아무것도 못 하겠어요. 자격증 따려고 휴학했는데 아무것도 안 하고 있어요. 머리로는 해야 하는 거 알고 있는데 몸은 계속 누워 있어요…."

"언제부터 그런 거예요?"

"그건 모르겠는데, 이렇게 우울한 건 오래됐어요."

"그럼 계속 우울하게 살았는데, 지금 이 시점에서 상담 받으러 온 이유가 무엇인지 궁금하네요?"

"휴학했는데 아무것도 안 하고 있거든요, 뭐라도 해야 할 것 같아서요."

은희는 금방이라도 울 것 같은 표정으로 힘없이 이야기했다. 겉모습만 봐도 힘없어 보이는 은희는 어느 누가 봐도 심리적으로 힘든 사람으로 볼 수 있을 정도였다.

"언제 휴학한 거예요?"

"지난 학기에 했어요."

"벌써 1년이 다 되어 가네요. 그런데 휴학은 왜 했어요?"

"남자친구가 자격증 따려고 휴학했거든요, 그래서 저도 그렇게 하는 게 좋을 것 같아서 했는데 다시 알아보니 저는 필요없어요."

"아무런 계획 없이 남자친구 따라서 휴학했다는 거예요?"

"남자친구랑 같은 과에 다니는데, 남자친구가 없으면 무서워서 학교 다닐 수 없을 것 같았어요⋯. 학교 다니는 것도 남자친구가 다 챙겨 주니까 그나마 다닐 수 있었거든요."

"예를 들면요?"

"아침에 깨워 주고 집 앞으로 데리러 와 줘요. 안 그러면 일어날 수가 없어요. 과제도 어떻게 준비해야 하는지 알려 줬고요. 사람들하고 지내는 것도 무서웠는데 그나마 남자친구가 있어서 걔하고 같이 다니면 괜찮았거든요."

"그런 것들을 혼자서 하기에 어려운 건가요?"

"예⋯, 다들 혼자서 하는 건데, 저는 그냥 못하겠어요⋯. 몸도 안 움직이고, 뭐를 선택하려고 해도 내가 선택하는 게 맞나 불안해서 다 걱정되고⋯, 그래서 남자친구한테 많이 물어보고 의지를 많이 했던 것 같은데⋯. 그런데 남자친구가 이제는 좀 지치나 봐요. 혼자서 좀 하라고⋯. 그런데 저는 그게 서운하고 화나요."

"남자친구가 구체적으로 뭐라고 이야기하는 거예요?"

"자기가 내 아빠는 아니지 않냐고 그래요. 혼자서 해 보려고 노력하지만 정말 어려워요. 잘 안돼요. 남자친구와 연락도 잘 안되니까 더 힘들고 불안해요. 학교도 안 가서 시간도 많이 남는데 어떻게 해야 할지 모르겠어요."

무기력함과 우울함, 은희가 겉으로 보이는 심리적인 특성이다. 오래전부터 무기력하기는 했지만, 일거수일투족 모두 결정해 주고 챙겨 주었던 남자친구와 물리적·심리적으로 멀어지기 시작하면서 그 무기력감이 더 짙어졌다. 의존하던 대상의 상실은 누구에게나 슬픔이나 우울을 느끼게 한다. 하지만 은희는 그 감정을 특히나 크게 느끼는 듯했다.

은희의 이야기를 잠깐만 들어도 상당히 의존적인 사람이라는 것을 알 수 있다. 의존적인 사람은 대부분 자기 자신에 대한 확신이 없고, 자기 스스로 무능하고 비루한 존재라고 생각하기 때문에 이 무서운 세상에 혼자서 살아갈 수 없고, 어떤 일도 혼자서 해낼 수 없다고 생각한다. 게다가 아무리 사소한 일이라도 감당하기 벅찬 일로 받아들이는 과장된 두려움 때문에 더 쉽게 무력해진다. 따라서 자신을 지켜 줄 수 있는 보호자, 전지전능한 누군가가 옆에 있어 주기를 갈망한다.

의존적이고 무기력한 특성의 근원을 찾기 위해 성장 배경에 대한 이야기를 나누었다. 태어날 때부터 걷는 것도 느렸고 말도 느렸던 은희는 발달적으로 취약한 면들이 많아서 부모의 도움이 다른 형제들보다 더 필요했다. 아래로 남동생과 여동생이 한 명씩 있는데 그들은 은희와 다르게 야무지고 당돌한 성격을 지녔다고 한다.

부모님은 맞벌이셨는데 다행이도 어머니의 회사에 사내 유치원이 있어서 은희는 어머니와 함께 출퇴근을 했다. 회사 내에 유치원이 있다 보니 어머니는 은희가 어떻게 지내는지 수시로 볼 수 있었다. 그러나 은희 기억에는 그 시간이 그다지 기분 좋은 경험은 아니었다고 한다. 어머니가 보러 올 때마다 얼굴을 찡그리는 모습이 불편했다. 은희와 같이 퇴근하면서 어머니는 다양한 잔소리를 했다. 여럿이 모여서 활동하는 수업 시간에는 어떻게 해야 하는지, 친구들끼리 모여서 간식을 먹거나 놀이를 할 때는 어떻게 해야 하는지, 아주 구체적이고 세세하게 잔소리를 했다. 아마 다른 형제들과 다르게 어디에도 끼어들지 못하고 쭈뼛대는 은희를 걱정하는 마음이 남달랐을 것이다.

하지만 집에서의 어머니는 항상 바쁘고 지쳐 있는 모습이었다고 한다. 은희가 어머니의 관심을 받고 싶고 같이 놀고 싶어 해도 힘들다는 답변만 돌아올 뿐 어떠한 관심도 받을 수 없었다. 남동생은 부모의 관심을 포기한 채 친구들과 관계 맺으며 그 속에서 정서적인 충족감을 맛봤고, 여동생은 막내에다가 워낙에 애교가 많고 밝은 성격이라 결국엔 부모의 관심을 받아 내었다. 그 속에서 소극적이었던 은희는 점점 더 의기소침해지고 동생들보다 부족한 면만 드러날 뿐 가족 내에서 자리매김도 못한 채 소외감만 느꼈다.

원하는 관심은 받지 못했지만 매일 아침마다 무슨 옷을 입고 가야 하는지, 학교에서 어떻게 지내야 하는지, 친구는 누구를 사귀어야 하는지 등. 생활에 필요한 모든 것들을 어머니가 골라서 선택해 주었다고 한다. 은희는 그저 따르기만 하면 됐다. 이제껏 자기 생각은 없이 엄마 말대로 살아왔으니 무엇을 해야 할지 모른다는 은희가 이해됐다.

어떻게 살아야 할지
잘 모르는 당신

이제껏 선택을 해 본 적이 없으니

내가 무엇을 하고 싶어 하고, 하기 싫어하는지 모를 거예요.

선택해야 하는 상황 자체가 두렵겠죠.

그런데 어쩌죠.

시도하고 경험해 보지 않으면

'나 자신'에 대해 어떠한 것도 알 수가 없어서

아무것도 선택할 수가 없게 돼요.

지금이야말로

진짜 선택해야 할 순간입니다.

자! 이것부터 시작해 봅시다.

짜장면 먹을래요? 짬뽕 먹을래요?

혼자서는
아무것도 '못'해요

"휴학할 때 부모님은 뭐라고 하셨어요?"

"당연히 반대하셨죠. 그런데 부모님이 같이 다녀 줄 건 아니잖아요. 남자친구가 휴학했으니, 저도 어쩔 수 없었어요."

"부모님 의견이 중요한 게 아니었네요?"

"지금은 남자친구한테 많이 의지하고 있으니까 그랬던 거 같아요."

"그러게요. 은희 씨는 그저 누구 하나 의지할 사람만 있으면 되는 거 같아요."

"맞아요. 그래서 남자친구가 없으니까 미치겠어요. 뭘 어떻게 해야 할지 모르겠으니까."

"그럼 지금 은희 씨를 제일 힘들 게 하는 건 뭐예요?"

"음… 글쎄요… 대학을 졸업한다는 게 제일 걱정돼요. 저는 아무 것도 준비된 게 없는데, 졸업해도 똑같이 이렇게 집에 있을 거 같아서요."

"일자리를 구하는 게 걱정되는 거예요?"

"네… 아무래도 그 부분이 제일 신경 쓰이는 거 같아요."

"어떤 게 걱정이 되는 거예요?"

"저를 받아 줄 곳이 있을지 그게 제일 걱정이에요. 그리고 사람들하고는 어떻게 지내야 하는지도 걱정돼요. 심지어 저는 밥 하나 먹을 때도 엄청 신경 쓰여요. 뭘 먹어야 할지 선택도 못하겠고 불안해요."

"취직할 곳이 없을 것 같아요?"

"네."

"내 조건에 맞는 곳을 찾으면 되잖아요. 내가 들어갈 수 있는 곳을 찾아서 취직 준비를 하면 될 텐데, 그렇게 하기 힘든 건 뭐예요?"

"그냥 알아봐야 한다고 생각만 해도 벌써 힘들어요."

"허이구… 아예 움직일 생각조차 없네요?"

"모르겠어요. 그냥 힘들어요."

"집에 계속 누워 있다면서요. 부모님이 뭐라고 안 해요?"

"엄마가 엄청 잔소리해요. 엄마는 제가 힘든 거 이해 못해요."

"예를 들면요?"

"학교 다니는 게 얼마나 힘든지 몰라요. 혼자서는 아무것도 못 하는 것 같아서 그것도 속상한데 엄마는 그런 거 몰라요. 너무 힘들어서 방 안에서 혼자 울었는데 엄마가 갑자기 들어와서 화를 내는 거예요. 엄마는 좀 그런 식이에요. 제 감정까지도 통제하려고 해요. 슬픈데 울지도 못하게 해요. 지금 제 기분이 어떤지 중요하지 않아요. 무조건 자기 생각대로 해야 하고, 그렇지 않으면 되게 싫어해요."

"예를 들면, 어떤 걸 통제하는 거예요?"

"동생들은 전공 선택도 자신들이 하고 싶은 거 했는데, 저는 엄마가 하라는 대로만 했죠."

"구체적으로 어떤 것을 원하셨는데요?"

"엄마처럼 은행원이 되기를 바라셨죠. 그래서 공부 때문에도 많이 싸웠어요."

"은행원이요?"

"네, 경제적으로도 안정적이고 좋은 직업이라고 말하는데 저는 못할 것 같아요. 저는 엄마처럼 절대 그렇게 성실하게 못 살거든요."

"하기 싫으면 '안'하면 되는데, '못'하겠다는 건 뭐예요?"

"네?"

"은희 씨가 원하는 대로 하면 되잖아요. 하든지 안 하든지 은희 씨 마음인데 '못'하겠다고 하는 표현 자체가 은희 씨 인생의 주도권이 엄마한테 있는 것 같아서요."

"제가 할 수 있는 게 없으니까요. 엄마가 도와주는 거예요."

"뭘 도와줘야 하는데요?"

"어떤 것을 준비해야 하는지 정보도 알려 주고, 일하게 되면 어떤지, 직장생활도 알려 주시고 뭐 그런 거죠."

"은희 씨가 왜 꼼짝을 안 하는지 이제 잘 알겠네요."

"왜요?"

"엄마가 그렇게 다 해 주는데 은희 씨가 알아서 해야 할 게 뭐가 있겠어요. 안 그래요?"

"…."

"은희 씨는 몸만 어른처럼 컸지 하는 행동은 완전 유치원생 같아요. 유치원 때부터 사사건건 엄마가 하라는 대로 했다는데, 그때부터 아주 편안하게 지냈겠네요. 그렇죠?"

"어렸을 때는 좀 싫었던 거 같기는 해요. 지금도 그렇게 좋은 건 아닌데, 일단 지금 아무것도 못하겠으니까 도와주는 건 좋아요. 차라리 평생 그렇게 해줄 수 있으면 그게 더 좋겠어요."

"내 인생을 엄마가 대신 살아 줬으면 좋겠어요?"

"네."

"그러면서 왜 그렇게 엄마가 통제한다고 못마땅해 하는 거예요? 본인 스스로 엄마가 코치해 주기를 바라고 있잖아요."

"제 기분까지 엄마 마음대로 하려고 하니까 그게 화가 난다는 거죠."

"이 사람, 정말 못쓰겠네. 뭐 그렇게 자기가 원하는 것만 하려고 해요? 엄마는 내 기분도 알아줘야 하고 내 인생도 대신 살아 줘야 해요?"

은희는 잠시 고개를 떨구고 생각에 젖은 듯했다. 우리는 관계를 맺을 때 서로가 어떤 영향을 미치는지 잘 모르고 있는 경우가 많다. 겉으로 봐서는 은희 또한 간섭하는 어머니에게 순응하느라 자신은 정작 힘들게 살아왔던 사람으로 보인다. 하지만 그 안을 조금 더 자세히 들여다보면 또 다른 역동이 있다. 은희는 어머니가 보기에 어딘가 어설프고 부족해 보여서 손이 많이 가는 첫째 딸이었다. 그래서 더 챙겨주고 신경을 써야 했다. 그렇게 하나 둘 관여하다 보니 은희 스스로 생각하고 결정해 본 적이 없을 정도로 어머니 쪽에서 결정권을 많이 갖게 됐다. 그러는 동안 은희는 주체성을 가진 온전한 독립체가 아닌 어머니 부속품처럼 어머니에게 의지하며 지냈다. 그런 측면에서 은희는 스스로를 무능하게 만들어 타인의 손길이 필요한 사람으로 자리매김해 버렸다. 그런 자리매김이 나에게 진정한 행복을 가져다준다면 별다르게 문제 될 게 없겠지만, 스스로를 무능하게 만드는 것은 시간이 갈수록 자신을 더 파괴적으로 망가뜨리게 되는 결과를 낳기 때문에 위험하다. 게다가 의존적으로 살아가는 시간이 길면 길수록 추락한 내 주체성과 독립성을 다시 되찾는 어려움이 더 증가할 것이다. 때문에 은희는 빠른 시일 내에 그 늪에서 빠져나와야 한다.

"지금 무슨 생각해요?"

"그냥 조금 혼란스러워요."

"내 말에 기분 나쁘고, 뭐 어쩌라는 건지 혼란스러울 것 같아요. 그런데 나는 은희 씨가 이번 기회에 다시 한 번 생각해 봤으면 좋겠어요. 진짜 어떻게 살기를 바라는지 말이에요."

스스로
무능하게 만드는 당신

이제부터라도 정확한 단어를 사용하기를 바랍니다.

당신은 '못'하는 것이 아니라

'안' 한다고 하는 것이 더 맞아요.

스스로를 무능력하게 만들었을 때

당신이 얻게 되는 그 무엇인가 분명하게 있을 거예요.

그 이득은 당신에게 해로운 것이 더 많기는 하죠.

하지만 분명한 것은

그 또한 당신의 선택이라는 겁니다.

무능하기로 선택한 결과도 당신이 책임져야 한다는 거지요.

나의 인생을 처음부터 끝까지 책임져 줄 타인은 아무도 없습니다.

버겁지만
다른 대안은 없어요

어머니의 뜻에 맞춰 산다는 게 좋지만은 않았지만 나름 편안한 부분도 많았기 때문에 포기할 수 없었다. 은희는 그저 어머니가 생각해 놓은 계획에 맞춰 따라가기만 하면 됐기에 실패를 경험할 필요가 없었다. 결과가 좋지 않더라도 그것은 엄마의 책임일 뿐 은희는 아무런 책임이 없었다. 단지, 왜 그런 결정과 선택을 했냐며 엄마를 탓하기만 하면 되었다.

"엄마가 그렇게 키웠는데 저보고 어쩌라는 거예요? 저도 짜증난다고요. 다들 직장 구해서 잘 다니고 있는데 나만 바보같이 이렇게 가만히 있잖아요."

"엄마가 뭘 어떻게 했는데요?"

"제가 스스로 할 수 있게 도와준 게 아무것도 없잖아요. 오히려 제가 더 피해자에요."

은희는 어머니에 대한 원망 섞인 말들을 쏟아 내기 시작했다. 친구들하고 사귀는 것이 어렵거나, 새로운 곳을 낯설어 하며, 학교 적응에 어려움을 보여도 크게 문제 삼지 않는 것이 오히려 불편했다고 이야기한다. 원래 그러려니 하는 어머니의 태도가 자신을 부족한 사람으로 평가하는 것 같아서 싫었다고 했다.

"그래도 엄마가 다 해 주니 편했잖아요. 엄마한테 의존하는 게 편하니까 은희 씨도 군이 반박하지 않고 그냥 눌러앉았고요."

"아니에요. 내 뜻대로 살아온 게 하나도 없는 게 얼마나 무서운데요. 나는 혼자서 아무것도 못하는 바보가 된 것 같아요. 지금까지 병원에도 혼자 가 본 적이 없어요. 엄마가 계속 같이 가 줬어요. 진료실에 들어가도 제가 어디가 아픈지 말해 본 적이 없어요. 엄마가 대신 다 설명해 줬어요. 제가 제대로 말도 못하고 낯설어 하니까 엄마가 계속 같이 있어 준 거예요."

"어렸을 때 엄마 관심 받고 싶어서 그렇게 야단이었는데, 내가 서투르게 하니까 엄마가 챙겨 주기도 하고 얼마나 좋아요. 안 그래요?"

"사실 그렇기는 하죠. 그럴 땐 제 옆에 있으니까 좋았어요."

나에게 해가 되는 결과를 반복적으로 경험한다면 우리는 어떻게 해서든 경로를 틀게 된다. 하지만 지금의 상황이 내게 어떤 이유에서든지 이득이 된다면, 그리고 획득한 그 이득이 나에게 매력적이라면 우리는 군이 상황을 바꾸려 들지 않는다. 은희 또한 부족한 사람으로 보이는 것이 싫었지만, 한편으로는 자신의 높은 불안과 어수룩한 행동들이 어머니의 관심을 끌어당길 수 있었다. 게다가 어머니의 그런 관여가 싫지 않았기에 그 상황을 군이 변화시키려고 하지 않았다.

"거봐요. 은희 씨도 엄마의 간섭이 좋았던 거잖아요. 그래서 엄마가 내 인생을 좌지우지하도록 냅둔 거죠. 그것이 은희 씨의 선택인거예요."

"…"

"불리하면 말을 안 하는 건가? 내 이야기 듣고 무슨 생각해요?"

"그렇지는 않아요. 여전히 좀 화가 많이 나요. 나를 왜 이렇게까지 바보로 만들었는지…. 원망하고 싶은 건 여전해요."

"그럼 저는 오히려 은희 씨한테 묻고 싶어요. 엄마 말을 왜 그렇게 다 따랐어요?"

"뭐 어쩔 수 없잖아요."

"뭐가 어쩔 수 없어요? 그냥 엄마가 시키는 대로 하지 않고, 내가 하고 싶은 대로 하면서 살면 되는 거죠."

"엄마가 시키는 대로만 살아서 제가 뭘 하고 싶은지도 모르는데 어떻게 제가 하고 싶은 대로 살아요. 하고 싶은 거 자체가 없었는데 말예요."

"그럼 지금부터라도 다르게 살아 볼래요?"

"아니…."

은희는 삐딱하게 고개를 숙인 채 한참 동안 대답을 하지 않았다.

"거봐요. 그냥 이렇게 있는 게 좋잖아요. 사회로 나가는 게 힘들 것 같으니까 온실 속에서 이대로 지내고 싶으면서 뭘 자꾸 아니라고 해요. 야무지지 못하고 어수룩한 바보처럼 사는 게 좋잖아요. 졸업해서 취직 안 해도 되는 명분도 되고 말이에요."

"네….."

우리는 누군가 시키는 대로 살아가는 것이 서로에게 얼마나 악영향을 미치는지 잘 모르는 것 같다. 그리고 내가 하고 싶은 것을 결정하고 선택하고, 또 그 선택에 대한 결과에 책임을 진다는 것이 이후의 삶에, 혹은 나 자신에 대한 확신감에 얼마나 큰 영향을 미치는지 모르고 있는 것 같다.

은희 또한 엄마가 시키는 대로 따랐을 때에 이러한 폐해가 일어날 줄은 꿈에도 몰랐을 거다. 25살의 성인이 된 자신의 모습을 미리 알았더라면 똑같은 방식으로 살았을까 싶다.

시키는 대로
살아왔던 당신

자신의 삶에 있어서 중요한 부분을

타인에게 선택하게 하고

오히려 편안하게 산다고 생각하죠?

당신은 스스로 어떠한 것도 선택해 본 적이 없어서

선택함으로써 얻게 되는 자유의 맛을 모를 거예요.

내가 원하면 시작하고 내가 원치 않으면 그만두는

그 자유로움은 아주 달콤하거든요.

타인 주도하에 살아간다면

심리적인 자유로움을 못 느끼게 됩니다.

마치 팔, 다리가 묶이면 물리적으로 자유롭게 이동할 수 없는 것처럼 말예요.

선택 자체가
두려워요

시행착오試行錯誤. 우리는 다양한 시도를 통해 실패도 경험하고 성공도 경험한다. 그 과정을 통해 내가 무엇을 좋아하고 싫어하는지 알 수 있고, 무엇이 하고 싶고 하기 싫은지 알 수 있다. 하지만 은희는 그런 시행착오를 경험할 기회조차 없었던 것 같다. 그저 어머니가 시키는 대로 따르며 살아왔기에 삶의 목적도 없고 이유도 없다. 마치 망망대해에 혼자 떨어진 막막한 느낌이지 않을까 싶다.

은희는 세상 밖으로 나가는 것이 두렵고, 어쭙잖게 나가서 좌절할 바에 어머니나 남자친구 혹은 또 다른 누군가의 뒤에 숨어서 살기로 스스로 선택했다. 누가 억지로 시켜서 의존적으로 살고 있는 게 아니라는 말이다. 하지만 은희도 의식적으로 알고 행한 것은 아니기에 스스로 어떤 행동을 하고 있는지 깨쳐야 한다. 그래서 앞으로도 똑같이 살아갈지 아니면 변화를 꾀할지 선택해야 한다. 그래야지만 어느 누구도 원망하지 않고, 그 순간에 충실해서 살며, 그 뒤에 따라오는 결과도 책임질 수 있게 된다.

"그래서 은희 씨도 스스로 할 수 있는 사람이 되고 싶다는 거예요?"

"네, 저도 진짜 그러고 싶은데 힘이 없어요."

"참 모순적이죠? 다른 사람 도움 없이 살 수 있었으면 좋겠다면서도 노력할 생각은 없다는 게요."

"제가 언제 노력을 안 하겠다고 했나요?"

"은희 씨가 지금 그러고 있어요. 그 자리에서 한 발짝도 움직이려고 하지 않죠. 다른 사람한테 기대거나 아니면 부모 원망하거나. 그거 말고 은희 씨가 하는 게 뭐가 있죠?"

"…."

"선택이에요. 은희 씨는 지금 무기력하기로 선택한 거라고요. 부모에게 편안하게 의존하고 누릴 거 다 누리면서, 한편으로는 그렇게 널브러져 있는 자신이 한심스러우니까 그 상황은 내가 선택한 게 아니라 부모가 만들어 낸 상황이라고 툴툴거리죠. 물론 어렸을 때는 부모가 그렇게 만든 것도 있죠. 하지만 이제 성인이 된 은희 씨는 부모님 핑계 대기에는 너무 커 버렸어요."

"핑계라니요. 선생님도 저를 이해 못하시는 것 같네요."

"지금까지 무기력하게 행동해서 나타난 결과를 보세요. 곧 졸업인데 아무것도 해놓은 거 없고, 친구도 없고, 앞날이 막막하죠. 졸업하고 빵집 알바도 할 수 없을 것 같다면서요!"

"그럼 제가 잘못했다는 거예요? 저도 힘들었어요. 왜 저한테만 그러세요?"

"이제까지 은희 씨가 힘들게 살아온 시간에 대해 부정하는 건 아니에요. 어머니가 시키는 대로 살아가는 게 쉽지만은 않았겠죠. 부모님이 챙겨주는 게 편하기도 하면서 스스로 바보같이 느껴져서 화났을 것 같기도 해요. 그렇게 복잡한 마음을 부정하는 게 아니에요. 다만 자신의 인생을 스스로 망가뜨리고 있다는 것을 알려 주고 싶은 거예요. 그게 난 속상하거든요.”

“…”

“다시 물을 게요. 이제까지 살던 방식이 힘들었다고 했잖아요. 그럼 앞으로 은희 씨는 어떻게 살고 싶은 거예요?”

우리는 때때로 한 가지만 선택해야 하는 경우가 있다. 이 상황을 변화시키기 위해 노력하든지, 아니면 지금처럼 살되 그 상황을 받아들이든지 해야 한다. 예를 들어, 은희는 경제적으로 의존할 수 있는 부모님이 있어서 얼마나 다행이고 감사한 일인지 모르고 있다. 내가 의존하기로 선택했다면 그 상황을 누리면 된다. 대신 남들 눈에 한량처럼 보일 수도 있기에 욕먹을 수 있다. 그럼, 그 부분은 내가 참고 견뎌야 한다. 반대로 변화를 위해 노력할 경우, 그 과정은 비록 힘들지라도 내가 무엇인가 노력하고 있다는 뿌듯함을 느낄 수 있다.

이렇게 한쪽 방향으로 명확하게 몸을 틀면 힘든 것도 있지만 얻는 것도 분명히 있다. 하지만 선택하지 않고 그 가운데 어정쩡하게 서있으면 부정적인 자기 비난이나 타인과의 비교로 좌절감만 느끼게 될 것이다. 따라서 어느 한쪽을 명확하게 선택하고 그쪽 방향으로 삶을 살아가라고 재차 강조하는 것이다.

"진짜 원하는 일을 찾고 싶은데, 그런데 또 그냥 일하기는 싫고 무섭고 그래요."

"일단 원하는 것은 있네요. 무섭고 불안하겠지만 그 원하는 것을 이루기 위해 같이 노력해 봐요. 나 혼자 노력한다고 해서 은희 씨가 변할 수 있는 게 아니에요. 은희 씨도 함께 노력하지 않으면 이 상담은 정말 필요가 없어요. 작은 것부터 혼자서 할 수 있는 것들을 시도해 봤으면 해요. 해보고 어렵거나 힘들면 나랑 같이 이야기하면서 위로받고 또 시도해 보고 그렇게 해봐요."

"알겠어요."

사실은 은희도 느꼈을 것이다. 대학을 졸업하고 스스로 직장을 구하고 사람들과 어울려야 한다는 부담감에 숨을 곳이 필요했다는 것을 말이다. 그래서 점점 더 엉성하고 자신감 없는 모습으로 무기력해질 필요가 있었다. 그래야지만 도움의 손길을 받을 수 있고, 누군가에게 의존하는 기간을 연장할 수 있기 때문이다. 어머니 때문에 무능한 사람이 됐다고 어머니를 원망하는 것 또한 변화하지 않아도 된다는 명분으로 활용하는 것이다. 참으로 요리조리 잘도 회피하고 살아가는 은희다. 그런 은희에게 해 줄 수 있는 최선은 은희 스스로 자율적이고 능동적으로 자신의 삶을 살아갈 수 있도록 도와주는 것이다.

어떤 선택도
하기 싫어서 미뤄 두는 당신

아무 것도 안 하고 싶으면
그 행동이라도 지속해 봤으면 좋겠어요.

아무 것도 안 하는
그 경험을 통해
내가 아무 것도 안 하며 지내는 것을 정말 좋아하는지
아무 것도 안 하는 행위를 계속할 수 있는 사람인지
경험해 보는 것도 좋은 방법이라고 생각해요.

나에 대해 알아 가고 싶다면
내가 무엇을 좋아하고 무엇을 싫어하는지
실제로 하나씩 경험해 봐요.

6장

서준의 이야기

내가 없으면
일이 안 돌아가
내가 해결해 줄게

주인공 '서준'은 서울의 대학교에서 정치외교학을 공부하고 있는 26세의 남자다. 아버지는 아파트 경비원으로 일하며 어머니는 전업주부이다. 4살 터울의 형은 대학을 나와 계속 취업을 준비하고 있다.

남을 도우면서
존재감 느끼는
서준

우리나라 대학교 3학년생이 그러듯이 서준도 바쁘다. 졸업을 앞둔 보통의 대학생이라면 취업 준비와 스펙 쌓기에 여념이 없어야 한다. 하지만 서준은 다르게 바쁘다. 친구들 일이나 가족들 일에 오지랖 넓게 참견해서 사사건건 도움을 주려는 일에 많은 시간을 소비한다.

"엄마! 이게 뭐야. 이거 봐봐."

"왜~ 또, 뭐가~."

"여기서 빵 사지 말랬잖아. 여기 빵집 내가 얘기했잖아. 방부제 많이 넣어서 이제 가지 말라고! 뉴스에도 계속 나오고 사람들도 불매운동하고 난린데 엄마는 그것도 몰라? 내가 얘기해 줬는데도 왜 또 이렇게 사오냐고!!! 빨리 가서 환불해 와!"

"알았어, 바꾸면 될 거 아니야. 뭘 그렇게 화를 내고 열을 내냐."

"내가 몇 번을 얘기해야 듣는 거냐고. 화를 안 내게끔 해야 화를 안 내지. 이게 뭐야. 진짜 답답해 미치겠네. 집안일에 신경을 안 쓰게 해 줘 봐."

어머니는 며칠째 열이 내리지 않았다. 아버지와 싸우신 후, 어머니가 많이 우울해 하셨고 그 뒤로 몸이 아파지기 시작했다. 학교에서도 서준은 계속해서 엄마 걱정에 수업에 집중도 못하고 밥도 잘 넘어가지 않았다. 친구들은 옆에서 삼삼오오 웃고 떠들고 있지만 서준은 애가 타기만 했다.

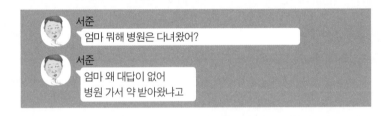

계속해서 보내는 문자에도 대답이 없자 걱정은 더 쌓여만 갔다. 수업이 끝난 후 곧바로 집으로 달려갔다.

"엄마! 나왔어. 밥은 먹었어?"

"어."

"거짓말, 밥 안 먹었으면서 거짓말하네."

"…."

"엄마, 내가 좋은 데 알아왔는데 우리 바람 쐬러 거기 갈까? 지금 밖에 날씨도 좋아. 나랑 같이 산책하러 나가자."

"엄마, 힘들다. 그냥 좀 냅둬. 시끄럽다."

"… 알겠어. 그럼 내가 맛있는 거 해 줄게. 기다려 봐."

그날 저녁, 서준은 또 바빠졌다. 친한 후배인 소현이 아프다는 연락에 부랴부랴 아는 선배를 찾았다.

"여보세요. 선배, 저 서준인데, 지금 통화 괜찮아요?"

"서준아, 오랜만이네~ 잘 지내고 있지?"

"네, 선배. 그런데 제가 궁금한 게 있는데요. 친구가 머리가 아프면서 눈이 욱신욱신 쑤시고 뻐근하다고 하는데, 혹시 왜 그럴까요?"

"서준아, 지금 갑자기 그렇게 물어보면 내가 이야기해 줄 수 있는 게 없어. 그냥 병원에 가 보라고 해. 겉으로는 같은 증상이어도 원인은 다 다르니까. 친구가 많이 걱정됐나 보네."

"네, 알겠어요. 계속 아프다고 하니까 걱정이 되더라고요. 그럼 잘 지내세요. 선배."

"너 그거 물어보려고 전화한 거야?"

"네, 친구가 아프다니까 선배가 생각나서요."

"어휴, 알겠다. 내가 뭐라고 할 입장은 아니지만 다른 사람들한테는 이런 식으로 연락하지 마라. 안부도 안 묻고 지내다가 갑자기 전화해서 다짜고짜 네 친구 걱정하는 얘기를 하니까 참 당황스럽다."

"아, 네, 선배, 그렇게는 생각 못 했네요. 죄송해요."

전화를 끊은 후 서운함이 들었다.

'내가 뭐 그렇게까지 잘못한 게 있는 건가? 다른 일도 아니고 사람이 아프다는 데 조언 한마디 해 주는 그게 그렇게 정색할 만한 일인가?'

걱정병이 도진 서준에게는 선배의 말이 직업적 소명이 없는 사람처럼 느껴졌다. 신입생 환영회 이후로 평상시에는 연락도 잘 하지 않던 동아리 선배지만, 의대생이라서 틀림없이 도와줄 거라고 생각했기 때문이다.

이전에도 서준은 친구들이 무슨 일이 생기면 자신의 인적, 지적 자원을 모두 총동원하여 어떻게 해서든 도와줄 방법을 찾는다. 옆에서 보면 굳이 저렇게까지 할 필요가 있을까 싶을 정도이다. 도움을 받는 상대방조차 고마움을 별로 느끼지도 않고 심지어 진짜로 필요한 도움이 아닌 경우도 많은 듯했다.

"박현진, 너 뭐야. 민우 그 자식 바람피웠다며. 미친 거 아냐?"

"어…."

"이런 배신자 같은 놈. 너 그래서 어떻게 했어?"

"아니, 내가 뭘 어떻게 해…. 이미 끝났는데…."

"야! 정신 차려. 무슨 소리 하는 거야. 네가 잘못한 게 없는데 왜 이렇게 기죽어 있어? 당당하게 있어도 돼!"

"선배, 지금까지 내가 뭘 잘못했나 싶어…, 나는 아직 믿을 수가 없어…. 내가 믿었던 사람인데…, 내가 사람 보는 눈이 그렇게 없었나…."

"…."

"왜 나한테 이런 일이 일어났을까? 왜 하필 나한테…."

"그건 네 잘못이 아니야. 그냥 재수가 없었던 거야. 그리고 민우 그 자식이 나쁜 놈인 거야. 네가 사람 보는 눈이 없는 게 절대로 아니야."

"그래도 내가 뭘 잘못했나…, 이런 생각이 많이 들어요. 선배."

"민우 자식 내가 혼내 줄까? 내가 연락해 봐?"

"아니야. 쪽팔리게 무슨 일이야. 그냥 있어."

"끊어 봐."

강의실로 향하다 받은 현진의 전화에 서준은 필요 이상으로 화를 냈다. 현진과 전화를 끊자마자 민우에게 전화해서 온갖 욕을 다 퍼부었다. 자신이 정의의 사도로 현진이의 억울함을 풀어주고 민우가 자신의 잘못된 행동에 대해 죄책감을 느끼기를 바랐다. 그러나 현실은 생각했던 것과는 너무 다르게 진행이 되었다.

"선배! 내가 민우한테 전화하지 말랬잖아! 뭐하는 짓이야! 선배가 뭔데 나서!"

"뭐야. 너까지 나한테 화내는 거야? 나는 속상해서 그랬지! 널 위해서 한 건데 왜 나한테 화를 내는 거야!?"

"내가 민우한테 욕해 달라고 했어? 안 그래도 쪽팔린데 선배가 나서서 일을 왜 이렇게 만드냐고. 김민우가 나한테 무슨 소리 했는지 알아? 지금 이 마당에 김민우한테 화도 못 내고 오히려 내 입장이 더 죄인같이 됐잖아! 선배 뭐하는 거야! 왜 나서는 거야!!"

"기가 막힌다 진짜…."

"기가 막히는 건 나야. 선배 때문에 어이가 없어. 선배는 나설 때 안 나설 때를 분간하지도 못하는 오지라퍼야."

현진의 성난 목소리가 계속 들렸지만 서준은 아무 말도 할 수 없었다. 현진이 왜 화를 내는지 당최 영문을 몰랐다.

'대체 내가 뭘 그렇게 잘못했다는 거지?, 내가 살아온 방식이 잘못됐다는 건가. 그럼 내가 어떻게 해 주기를 바라는 거야.'

엄마가
너무 힘들어 해요

"저희 엄마가 요즘 너무 힘들어 하시는데, 제가 좀 도와드릴 수 없을까요?"

"서준 씨가 힘든 게 아니라, 어머님 때문에 오셨다고요?"

"네, 진짜 좀…, 심각하게 우울해 하시거든요."

상담을 받으러 온 대부분의 사람은 심리적·현실적으로 어려움에 부닥쳐서 도움을 받고자 방문하게 된다. 성인들은 자신의 문제 때문에 오기도 하지만 자녀가 있는 사람들은 자녀 문제에 대한 상담을 받거나, 자녀를 상담받도록 지원해 주기 위해 센터를 방문한다. 서준의 경우처럼 어머니를 자신이 어떻게 도와드릴 수 있는지 묻기 위해 찾아온 상황은 드물고 어색했다.

"심각하다는 게 어느 정도인가요?"

"밥도 잘 못 드시고, 밤에 잠도 잘 못 자는 것 같아요. 기력도 없어 보이시고…."

"그래요. 언제부터 그러셨어요?"

"잘은 기억이 안 나는데…."

"어머니가 우울해지신 게 최근에 무슨 일이 있었는지, 아니면 오랫동안 우울해 하셨는지 궁금해서요."

"2~3개월 전에 무슨 일이 있기는 했는데, 말씀드리기가 참 어렵네요."

"제가 알면 안 되는 일인가요?"

"그런 건 아닌데⋯."

"말하기 어려운 게 어떤 마음이에요?"

"음⋯, 그냥 엄마가 사기를 당하셨어요. 아는 지인분인데, 꽤 많은 돈을 잃으신 것 같아요. 아버지 퇴직금까지 전부 다⋯. 뭔가 투자를 하시겠다고 한 것 같은데 일이 잘못됐어요. 지금도 아버지랑 그 일 때문에 계속 싸우고, 집이 좀 시끄러워요."

"지금 그 일 때문에 현실적으로 해결해야 하는 것들이 있는 건 아니죠?"

"예, 다른 분들도 피해를 보신 게 있어서, 그분들이랑 같이 경찰에 신고는 해놓은 상태라서 지금 딱히 뭐 할 게 없어요."

"지금 상황에서 할 게 없으니 더 갑갑하기는 할 것 같아요. 그럼 부모님 말고 다른 가족은 없어요? 형제는 어떻게 돼요?"

"형 한 명 있어요."

"형은 어떻게 하고 있어요?"

"형은 그냥 자기 할 일 하고 있죠. 자기 앞가림하기도 어려운 사람이에요. 지금도 뭐 워홀워킹 홀리데이 가겠다고 준비 중인데 모르겠어요. 한심하죠."

"그럼 부모님 일에는 전혀 관심이 없는 거예요?"

"네, 별로 교류가 없어요. 오히려 그런 상황을 만든 엄마한테 짜증 내기나 하죠."

"흠…, 아버지는 어떻게 하고 계세요?"

"매일 거의 술로 시간을 보내시죠. 뭐 어떻게 해결하려고 노력은 안 해요. 그냥 엄마한테 화만 내죠."

어머니를 걱정하던 모습과는 다르게 아버지와 형에 관해 이야기를 할 때는 냉소적인 표정과 비아냥거리는 말투가 눈에 띄었다. 서준은 어렸을 때부터 아버지에 대한 감정이 썩 좋지 않았다고 한다. 가족들을 소홀히 대하고 어머니를 무시하는 아버지가 마땅치 않았는데, 이러한 생각에는 어머니의 의견이 많이 들어간 것 같았다. 어렸을 때부터 어머니는 서준을 붙잡고 본인이 얼마나 힘들게 살아왔는지 자주 이야기했다고 한다. 어머니의 입장에서 힘든 삶에 대해 세세히 듣게 된 서준은 점차 어머니의 시선으로 아버지를 바라보게 되었다.

자신의 이야기를 잘 들어주는 막내아들 서준에게 어머니는 계속해서 속마음을 털어놓으며 아버지를 원망했다. '네가 있어서 내가 살아갈 힘이 난다'든지, '네가 없으면 누구에게 이런 이야기를 했겠냐'며 서준이가 어머니의 편에 서게끔 하였다. 서준의 어머니 또한 이를 의도적이고 계획적으로 행동했던 것은 아니었을 게다. 하지만 그러한 행동이 또 하나의 종속 관계를 만들어 아들인 서준의 기준과 가치대로 살아가고 관계 맺는 것이 아니라, 아버지와 형을 가해자로 바라보고 어머니를 피해자로 생각하게 하는 편 가르기에 영향을 주었다.

타인의 고통을
해결해 줄 수 있다고 생각하는 당신

힘든 일이 있을 때 서로 의지하고
위로받는 게 당연하지만

삶의 고통에서
당신은 당신의 몫이 있고
상대는 상대의 몫이 있고
각자가 오롯이 이겨 내야 할 힘듦이 있어요.

그 부분까지 통제하려고 든다면
당신은 지극히 교만한 사람일 수 있습니다.
당신의 능력을 상당히 과대평가하고 있다는 말이지요.

상대도 자신의 짐을 짊어질 수 있는 힘이 있답니다.

내가 아니면
할 사람이 없어요

"어머니를 도울 방법을 찾기 위해 찾아온 것이 참 생소한 일이에요."

"그런가요? 다른 사람들은 안 그래요?"

"네, 그런 경우가 많지는 않죠."

"그렇군요."

"서준 씨에게 어머니는 어떤 존재예요?"

갑작스런 내 질문에 서준의 눈시울이 붉어졌다.

"고생을 많이 하셨죠. 그래서 좀 잘해 드리고 싶어요. 안쓰럽기도 하고요."

"그래서 어머니한테 그렇게 지극정성인가 봐요. 그런데 어머니가 힘들다는 이야기를 그렇게 많이 하는데 계속 듣는 거 힘들진 않아요?"

"조금 힘들 때는 있죠."

"그럼 힘들다고 어머니한테 이야기는 해요? 그만 듣고 싶다고 말하거나…."

"아니요. 그냥 듣고 있죠."

"왜요?"

"죽을 만큼 막 그렇게 힘든 것도 아니고…, 엄마는 제가 아니면 이야기할 사람이 없거든요"

"그건 서준 씨 입장에서 이야기하는 것 같은데요."

"그게 무슨 말이죠?"

"아버지나 형도 있잖아요. 그리고 어머니의 바깥 관계도 있을 거고요. 그런데 어찌 그렇게 자신이 모두 감당해야 한다고 생각하는지 모르겠어요."

"선생님이 잘 모르실 수도 있는데, 아버지나 형은 절대로 엄마 이야기를 들어줄 사람들이 아니에요."

"아니죠. 서준 씨가 먼저 나서서 하니까 아버지나 형이 할 일이 없겠다는 생각은 안 해 봤어요?"

"저 때문에 할 일이 없는 게 아니라, 그 둘이 아무것도 안 하니까 제가 하는 거예요."

본인 말고는 어머니를 챙길 사람이 없다고 이야기하는 서준은 그 사실에 무척이나 당당하였다. 상담을 하다 보면 부모로부터 심리적으로 독립하지 못한 사람들을 많이 만나고는 한다. 성인이 되어서도 부모의 인정과 애정을 받고 싶어서 노력을 멈추지 못하는 사람들도 있고, 인정을 받지 못한 좌절이 너무 커서 무기력해지는 사람들도 있다. 각자가 주체성을 갖고 독립적인 삶을 살아가는 것이 아니라, 상호 간에 부정적인 영향을 지속해서 주는 관계다. 서준과 서준의 어머니 또한 서로 독립적인 주체로서 존재하지 못하고 매우 긴밀하게 연결

되어 있다. 그 관계가 어떤 형태로 얽혀 있는지 서준 스스로 알아차려야 서준이가 독립된 삶을 살 수 있을 것이다.

"순서를 바꿔야 할 때입니다. 서준 씨가 물러나야, 아버지도 자신의 역할을 할 것이고 형도 자신의 자리에서 자기 몫을 할 거예요."

"무슨 말인지는 알겠는데, 그렇게 못 할 것 같아요."

"뭣 때문이죠?"

"엄마가 힘들어질까 봐 무서워요. 그리고 내가 그렇게 물러났는데도 아버지나 형이 나 몰라라 한다면 정말 화가 많이 날 것 같거든요. 제가 생각했던 결과가 나타날까 봐 그게 더 싫어요."

"처음에는 당연히 서준 씨가 생각한 대로 결과가 나타나겠죠. 가족들 모두 이제까지 살아오던 방식이 있으니까요. 아마 서준 씨가 다른 방식으로 살아가기 위해 노력한다는 것조차 모를 수도 있을 거예요. 하지만 지금 그 악순환을 끊지 않으면 점점 더 가족들 서로가 좋지 않은 영향을 주며 살아가게 될 거예요. 아버지와 형은 점점 더 무관심해질 것이고 어머니는 더 외로워지겠죠. 그런 어머니는 서준 씨에게 더 기대게 될 것이고, 그렇게 되면 서준 씨는 점점 더 어머니에게 지쳐 가고 무심한 가족들에게 분노하게 될 거예요. 그래도 좋아요?"

"…."

"부모님이나 형을 다시금 보세요."

"무슨 말이죠?"

"서준 씨만 가족들을, 어머니를 돌볼 수 있고 아버지나 형은 할 수 없다고 생각하는 것도 교만한 거예요. 가족들을 무시하고 있는 거라고요. 서준 씨만 할 수 있는 게 아니에요. 가족들을 믿어 봐요."

"저만 할 수 있다고 생각한 건 아니에요. 그냥 모르겠어요."

"그리고 어머니도 어머니 삶이 있어요. 지금까지 서준 씨랑 형을 낳고 키우면서 살아오신 세월이 있잖아요. 어머니를 그렇게 약한 사람으로 보지 마요. 그리고 어머니를 위해서도 서준 씨가 그렇게 해서는 안 돼요."

"왜 그렇게 말씀하시죠?"

"어머니도 어머니의 인생을 살아야죠. 언제까지 아들 옆에서 위로받고 사실 수는 없어요. 스스로 이겨 낼 힘도 길러야 하죠. 정말 어머니를 위한다면요."

소중히 여기는 사람이 진심으로 행복하게 살기를 바란다면 그 사람을 위해 심리적인 독립을 독려해야 한다. 그 과정에서 나 또한 그 사람과 밀착된 관계를 내 손으로 끊어 내야 해서 아프고 외롭고 허전할 것이다. 하지만 각자가 자기 삶의 주도권을 갖고 자신이 원하는 대로 삶을 꾸려 나가기 위해, 그리고 동등한 관계를 맺어 가기 위해 우리는 그 힘든 것을 이겨 내고 서로에게서 독립해야 한다.

비단 부모가 자녀를 분리하는 것에만 해당하지 않는다. 자녀 또한 나에게 밀착된 부모가 있다면 그들에게서 스스로 떨어져 나오는 것이 부모의 안녕을 위해서 필요한 일이다. 의존하는 성향의 사람들은 처음에는 자신의 부모에게, 그 다음에는 배우자에게, 이후에는 자녀에게까지 심적으로 묻히는 경향이 있어서 이를 뿌리치는 것도 자녀로서 해결해야 할 과제이다.

한편으로는 그런 생각도 들었다. 서준 씨는 그런 어머니에게 자신의 힘든 이야기나 속마음을 속 시원히 털어놓을 수 있었을까? 그랬던 경험은 있었을까? 자연스럽게 따라오는 이런 생각에 서준이 더 궁금해졌다.

착한 아들로
살아가는 당신

언젠가 당신이

부모 뜻대로 살아온 당신 삶을 후회하게 된다면

당신은 피해자, 부모는 가해자라는

구도가 설정될 거예요.

나의 부모가 아름답게 늙어 갈 수 있도록

그리고 부모와 나의 관계가 망가지지 않게끔

당신이 그 고리를 먼저 끊어 줘요.

당신에게 요구하거나 기대하지 말라고 얘기해 주세요.

대신, 어떤 마음으로 살아가는지 서로에게 관심 갖자고 얘기해 주세요.

너는 왜
내 말을 안 듣는 거야?

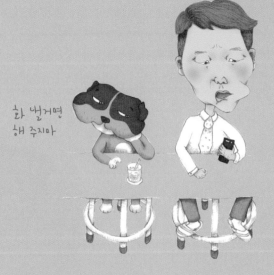

소위 말하는 '오지랖이 넓다'는 사람은 일단 타인에게 관심이 많다. 자신의 주변에 있는 사람들이 필요로 하는 것이 무엇인지 재깍 알고 그것들을 채워 주기 위해 분주하게 움직인다. 에너지가 저렇게 많을까 싶으면서도 도움 받는 사람들이 좋아하거나 '너밖에 없어'라는 이야기를 듣게 되면 그 말에 에너지가 충전되는 모습을 종종 보게 된다.

그들은 사람과의 관계에서 진정한 소통이 무엇인지 모른다. 그저 피상적이고 가벼운 관계일지라도 그 순간의 외로움을 잊게 해 주고, 내가 없으면 안 될 것 같은 느낌을 받게 해 주니까 그것만으로도 좋은 거다. 서준이 또한 가족 내에서 하는 행동들을 보아하니 밖에서도 참견하는 특성이 그대로 드러날 것 같았다. 남의 일에 참견하기를 좋아하는 사람은 안팎으로 바삐 움직일 수밖에 없으니 말이다.

"군대 다녀와서 학교 적응하랴, 곧 4학년이 되어 취업하랴, 할 일도 많을 텐데 가족들과 친구들 신경 쓰느라 자기 일도 제대로 못 하겠네요?"

"아니요. 제 할 일은 또 하죠. 그런데 이번에는 동아리 회장도 맡아서 하고 있는데요. 그것 때문에 바쁘기는 해요."

"회장이요? 그거는 왜 하는 거예요? 회장 하면 좋은 거 있어요? 스펙에 좋은가? 아니면 장학금 나와요?"

"뭐 그런 건 아닌데, 우리 동아리에 제가 애정이 많거든요. 동아리가 요즘 죽어 가고 있어서 부흥 좀 시켜 보려고 회장을 하게 됐죠. 별거는 아니에요."

"동아리 활동은 어떤 게 그렇게 재미있어요?"

"저희가 사진 동아리인데, 그냥 거기 사람들이 좋아요."

"거기서도 한 오지랖 하겠어요?"

"안 그래도 그것 때문에 좀 안 좋은 일이 있었는데, 제가 쏟는 에너지에 비해 애들이 좀 안 따라 줘서 그게 좀 서운하더라고요. 억울하기도 하고…"

"무슨 일이 있었는데요?"

"동아리 후배 중에 여자애가 있었는데, 걔가 연애를 시작했어요. 그런데 그 상대방 남자애를 제가 좀 아는데 걔가 좀 질이 안 좋거든요. 그래서 사귀지 말라고 그렇게 말렸는데도 제 말을 안 듣더라고요. 그러다 결국에 남자애가 다른 여자애랑 바람이 나서 헤어지게 됐거든요. 그래서 제가 그 남자애한테 화가 나서 전화로 욕 좀 해줬죠. 그런데 제 후배는 오히려 저한테 화를 내더라고요. 그게 좀 괘씸했죠."

"어떤 게 괘씸한 거예요?"

"제가 사귀지 말라고 했을 때 말을 들었으면 그런 안 좋은 일 당하지도 않았잖아요. 말도 안 듣고 그렇게 고집부리더니… 그런데 오히려 저한테 더 화를 내서 어이가 없었어요."

"흠…, 그 여자 후배를 좋아해요?"

"아니요. 그런 건 전혀 아닌데요."

"그런데 왜 그렇게까지 관여를 해요? 후배의 남자친구가 마음에 안 들 수 있고, 그 의견을 이야기할 수는 있는데 서준 씨 의견에 따르지 않았다고 괘씸해 하고 헤어진 후배 남자친구한테 전화해서 욕까지 하고, 좀 과하게 끼어든다고 생각 안 해요?"

"글쎄요⋯, 저는 잘 모르겠어요. 아끼는 후배니까 그렇게 한건데⋯."

솔직히 우리는 내 만족을 위해 상대방을 위할 때가 있다. 특히 상대가 바라지 않는 도움을 줬을 때는 백프로 내 만족을 위한 배려인 것이다. 내가 관심 받고 싶을 때 상대에게 관심을 주고, 내가 위로 받고 싶을 때 상대를 위로하고, 내가 행복해지고 싶을 때 상대를 기쁘게 해준다. 상대가 원하는지 아닌지는 중요하지 않다. 그저 내가 받고 싶은 것을 남에게 해 줌으로써 만족한다.

서준의 행동은 상대를 위한다기보다는 자기 만족을 위해 자신이 원하는 것을 상대에게 해주는 경향을 보인다. 그렇기에 기대한다. 남에게 도움 주고, 위로해 주고, 기쁘게 해 준 것으로 성에 차지 않는다. '내가 이만큼 해 줬으니 나한테 엄청 고마워하겠지?'라는 생각에 상대가 감사해 하기를 기다린다. 하지만 현실은 서준이 기대했던 것과는 다른 방향으로 흘러간다.

"왜 사람들 마음을 얻지 못했어요? 사람들한테 그렇게 신경을 많이 쓰는데 말예요?"

"그러게요, 제가 뭘 잘못했나 봐요. 그게 진짜 이해가 안 가요. 뭐가 문제였는지."

"사람들은 나를 존중해 주지 않고 자기 멋대로 조종하려는 사람을 안 좋아해요."

"존중하지 않은 게 뭔데요?"

"상대가 바라지도 않는 걸 해 주고 나서 고마워하지 않는다고 화내잖아요. 이 얼마나 폭력적인 언행이에요? 상대가 진짜 원하는 게 무엇인지 궁금해 하지도 않고요. 지금 이야기했던 그 후배의 경우만 봐도 서준 씨는 그 후배가 그 남자친구를 왜 사귀고 싶어 하는지, 어떤 게 좋았고 싫었는지, 헤어지고 나서는 어떤 기분이었는지. 이런 것들은 전혀 궁금해 하지 않고 후배에게 이래라저래라 명령만 했잖아요. 게다가 그 명령에 따르지 않으면 괘씸하다고 화를 내고. 그게 후배를 존중하지 않는다는 거예요."

"그렇군요…. 저는 제가 해 준 게 있으니까, 당연히 내 말을 들을 거로 생각한 건데 그게 잘못됐다고 하는 것 같아서 저도 기분이 썩 좋지만은 않아요."

기대가 큰 만큼 실망감도 크다. 어떤 대상에 대한 기대감이 좌절되면 그와 반대되는 실망감이 그 자리를 대신한다. 따라서 기대감이 클수록 실망감도 클 수밖에 없다. 그와 동시에 자신의 욕구가 좌절된 것에 대한 분노의 감정도 자연스레 싹트게 된다. 그래서 서준이 그렇게도 화를 냈던 것이다.

하지만 상대방을 존중하지 않은 채 자신이 옳다고 생각하는 방향으로 무작정 끌고 가려고 하는 것은 위험한 행동이다. 의도치 않게 상대방에게 권력을 휘두르게 되는 것이고, 자칫 잘못하면 힘없거나 의존하고 싶어 하는 상대방을 내 입맛에 맞게 조종하게 될 수도 있다. 이는 서로에게 악영향을 미치는 관계의 시작이라고 할 수 있다.

내가 원하는 것을 주고
화내는 당신

당신의 그 배려, 상대가 원했던 건가요?

상대가 원하지 않는 것을 주면서 고마워하지 않는다고 불평한다면

과연 누구를 위한 배려일까요?

내 방식대로의 배려

그것이야 말로 내 기쁨을 위해 상대를 이용한 것이고

상대를 정말로 배려하지 않는 거죠.

해 주고 나서 화낼 바에 아무것도 하지 마세요.

진짜 이타적인 사람은

배려, 봉사, 도움을 제공할 수 있는 것 그 자체로

감사하고, 즐거워하며, 기뻐하는 사람이에요.

진짜, 가짜 구별해 가면서 해요.

사실은
내가 더 힘들어요

"사실은 저도 힘들어요. 잘 지내 보려고 아무리 노력해도 돌아오는 건 없고, 사람들 속에 있어도 외롭고 허전한 마음은 여전해요. 잘해 보려고 하는데 다들 절 싫어하는 것 같고, 어떻게 해야 할지 모르겠어요."

"그래요. 잘 왔어요. 사실은 어머니나 후배를 도와줄 게 아니라, 서준 씨가 원하는 게 무엇인지 알고 필요한 것들을 채우는 게 중요할 듯해요."

"그런데 저는 왜 그렇게 살아왔을까요? 왜 그렇게 남들 챙기느라 바쁘게 살아왔을까요? 좋은 소리도 못 듣는데 말이에요."

"궁금한 거예요? 아니면 지난 시간이 속상한 거예요?"

"궁금하기도 해요."

"사실은 서준 씨가 돌봄 받고 싶은 마음이 커서 그렇게 남들을 돌봐 왔던 거예요. 내가 먹고 싶은 음식을 남이 먹을 때 대리만족 하는 것처럼, 서준 씨도 남을 통해 만족해 왔던 거죠."

서준이가 자라 왔던 배경을 살펴보면 서준이가 왜 그렇게 타인을 돌보려고 하는지 알 수 있었다. 무심하고 냉소적인 아버지에게 신경이 곤두서 있던 어머니는 서준에게 든든한 울타리가 되어 주지 못했다. 어머니 자신의 힘든 감정에 빠져 있었기에 어린 서준을 챙길 여유가 없었던 것 같다. 어머니는 서준이 불안하고 힘들어 할 때 그 마음을 알아차려서 공감해 주거나 위로해 줄 수 없었고, 기쁜 것도 함께 기뻐하지 못했다. 서준의 형은 그런 어머니에게 관심 받기를 일찌감치 포기하고 아버지와 비슷하게 냉랭한 아들이 되었지만 서준은 그러지 못했다. 어머니가 자기 생각에 빠져 주변 상황에 신경 못 쓸 때 서준은 어머니에게 다가가서 자신에게 관심을 돌릴 수 있도록 여러 가지 방법을 시도했다. 서준의 행동에 어머니가 웃게 되면 그제야 서준이도 안심했다. 불안한 감정이 올라오지만 어머니가 웃게 되면 자기 스스로에게 '지금 괜찮은 상황이야, 웃어도 되는 상황이야.'라고 위로를 해 줄 수 있었기 때문이다. 어머니의 기쁨이 곧 서준의 기쁨이었다. 또한 어머니가 슬퍼할 때 서준은 어머니를 위로하며 같이 슬퍼했다. 서준은 그 자리를 빌려서 그동안 울고 싶었던 자신의 감정을 토해낼 수 있었다. 아무도 서준의 마음을 돌봐 준 적이 없으니 자기 마음을 돌봐야 한다는 생각도 미처 못 했을 것이다. 그저 다른 사람의 감정을 마치 내 것인 것처럼 돌봐 주는 것으로 스스로 위로 삼았다.

"왜 그렇게 나를 돌봐 주지 않았는지 원망스럽네요…."

"그래요. 누가 원망스러워요?"

"엄마한테 화가 나요…. 엄마가 저를 이렇게 만든 거 같아서요."

"엄마가 어떻게 했는데요?

"엄마한테 의지할 수 없었어요. 엄마 자체가 너무 약하고 힘들어 하니까 제가 의지를 못 하겠더라고요. 한편으로는 너무 고생하셨으니까 거기에 대한 미안한 마음도 있기도 하고요."

"두 가지 상반된 마음이 공존해서 혼란스러운 것 같네요."

"네."

"일단 어머니에 대한 두 가지 마음 중에 하나만 표현해 봐요. 원망된다면서요."

"둘 다 제 마음인데요?"

"당연히 그렇죠. 둘 다 서준 씨의 마음이겠지만 서준 씨는 대부분 상대방을 이해하고 공감하는 마음만 더 크게 드러냈잖아요. 이제는 서준 씨 속상한 마음도 확실하게 챙겨 주자고요."

자신의 힘든 이야기를 이제껏 해본 적이 없는 서준에게 부모를 원망하는 마음을 토로할 수 있도록 권유했다. 다른 사람이었다면 자신의 문제를 부모 탓으로 돌린다며 수용해 주지 않을 텐데 서준에게는 다르게 할 필요가 있었다. 부모에게 기대지 못해서 서준이 얼마나 힘들고 서러웠는지, 얼마나 지쳐 있었는지, 얼마나 외로웠는지 자기 입으로 이야기하고 그 이야기에 대한 위로를 직접 받기를 바랐다. 이제껏 그렇게 살아오지 못했기에 더욱더 그러기를 바랐다. 누군가에게 위로받고 공감 받는 경험을 나와 이곳에서 함께하기를 기대했다. 그렇게 충분히 위로 받고 치대는 경험을 해 봐야 상대를 객관적으로 바라볼 수 있는 시선을 갖게 된다. 자신의 아픔을 스스로 돌볼 줄 알아야, 나의 아픔과 상대의 아픔을 분리하는 게 가능해진다. 그래야지만 남의 일을 자기 일인 것처럼 맹목적으로 달려드는 서준이 의도치 않게 관계를 망치는 일을 줄일 수 있을 것이다.

서준은 자신이 받고 싶은 공감이나 위로, 돌봄을 남을 돕고 위로하면서 채웠기에 힘들어 하는 사람들만 보면 자석처럼 강하게 끌렸다. 상대방이 얼마나 어떻게 힘든지, 무엇이 필요한지도 묻지도 따지지도 않은 채, 자기가 받고 싶은 것을 그대로 상대에게 행했다. 서준은 진정한 이타심이 아닌 자신을 위한 행동이었기 때문에 사람들의 공감도 제대로 받지 못하고, 오히려 '네가 뭔 상관이냐', '당사자도 아닌 네가 왜 더 난리를 피냐' 등의 부정적인 반응을 듣게 되고 사람들과 마찰만 빚게 됐다. 뭔가 열심히 남들보다 노력은 하지만 성과는 좋지 않은, 그래서 왠지 모르게 몸은 피곤한데 마음은 채워지지 않는. 그런 관계 패턴이 지속되고 있어서 서준 자체가 많이 소진되어 있는 상태였다.

오지랖 넓은
당신

주변에 사람도 많고 관여하는 일도 많아서 바쁜데

왜인지 모르게 항상 지치고 공허하고 외롭죠?

사실 당신은 자기 연민에 가득 찬 사람인데

자신의 결핍과 상실은 인식하지 못한 채

내가 받고 싶은 것을 남에게 해 주고 있어서 그래요.

정작 도움이 필요한 나는 돌보고 있지 않으니

계속해서 허덕일 수밖에요.

내 연민을 나 스스로 돌봐 줄 때

다른 사람의 아픔과 내 아픔이 분리가 될 수 있답니다.

이제부터라도

내 마음과 몸이 얼마나 힘든지 돌봐 주도록 해요.

"지금 마음이 어때?"

이 책을 통해 사람들의 마음을 전부 다 알 수 있다고 말할 수 없다. 마음이란 건드릴 수 없는 미지의 영역이라고 할 수도 없지만 얄팍한 지식으로 판단하고 단정 지을 수 있는 것도 아니다. 그 정도로 쉽게 알 수 있는 호락호락한 대상이 아니다. 그러니 사람의 마음에 대해 조금 알았다고 가르치려고 들지 말고, 내가 아는 지식이 세상의 전부인 것처럼 교만해지지 않았으면 좋겠다.

내가 아는 지식'틀' 안에 상대방을 가두는 것은 어리석은 일이다. 우리는 비슷하기도 하지만 서로 다르기도 한 사람이다. 내가 가진 틀로 상대방의 마음을 파악했다고 자만하지 말고 '지금 마음이 어때?' 혹은 '지금 기분이 어때?'라고 물어봐 주고, 어떤 마음에서 그렇게 말을 하고 행동을 했을까 고민해 봤으면 좋겠다. 이는 철저히 내 경험으로부터 나온 진심어린 조언이다. 이 책을 읽고 있는 당신은 나와 다를 수 있지만, 미숙하게도 나는 이 같은 실수를 저질렀고 후회하는 마음에 아픈 시간들을 보내기도 했다. 그래서 혹시나 하는 마음에 이야기한다.

나는 사람에 대한, 사람의 마음에 대한 이야기가 하고 싶다. 하고 싶은 말이 워낙 많아서 글로 적기도 하고 그림으로 표현하기도 한다. 하지만 어디까지나 책은 책일 뿐이다. 마음과 마음을 소통하는 일. 사람과 관계를 맺어 가는 일은 수학문제를 풀듯 특정 공식으로 해결되는 일이 아니다.

책으로 지식을 쌓는다고, 통찰을 얻는다고 해서 저 사람과의 관계가, 소통이 원활하게 이뤄지지 않을 것이다. 솔직한 마음을 주고받는 관계에서 가장 중요한 것은 '경험'이기 때문이다. 지금 내 옆에 있는 사람과 마음의 대화를 시도해 보고, 그 사람의 마음을 궁금해 하고, 그 사람의 생각과 감정을 이해해 보려고 노력하는 실제의 그 경험이 우리에게 필요한 과정이다. 그러니 책을 덮고 생각하자.

'내가 좋아하는 너는 어떤 마음일까?'

그리고 다가가서 물어보자.

"지금 마음이 어때?"